TERRITÓRIO, CULTURA E IDENTIDADE
AMIGOS DO CLIMA

Editora Appris Ltda.
1.ª Edição - Copyright© 2024 dos autores
Direitos de Edição Reservados à Editora Appris Ltda.

Nenhuma parte desta obra poderá ser utilizada indevidamente, sem estar de acordo com a Lei nº 9.610/98. Se incorreções forem encontradas, serão de exclusiva responsabilidade de seus organizadores. Foi realizado o Depósito Legal na Fundação Biblioteca Nacional, de acordo com as Leis nᵒˢ 10.994, de 14/12/2004, e 12.192, de 14/01/2010.

Catalogação na Fonte
Elaborado por: Dayanne Leal Souza
Bibliotecária CRB 9/2162

T327t 2024	Território, cultura e identidade: amigos do clima / Lisanil da Conceição Patrocínio Pereira, Evaldo Ferreira, Miguel Castilho Junior, Waldinéia Antunes Alcântara Ferreira (orgs.). – 1. ed. – Curitiba: Appris, 2024. 224 p. : il. ; 23 cm. – (Coleção Ciências Sociais). Vários autores. Inclui referências. ISBN 978-65-250-7154-1 1. Semana Nacional de Orgânicos. 2. Clima. 3. Alimentação saudável. 4. Território. 5. Identidade. I. Pereira, Lisanil da Conceição Patrocínio. II. Ferreira, Evaldo. III. Castilho Junior, Miguel. IV. Ferreira, Waldinéia Antunes Alcântara. V. Título. VI. Série. CDD – 613.2

Livro de acordo com a normalização técnica da ABNT

Appris
editora

Editora e Livraria Appris Ltda.
Av. Manoel Ribas, 2265 – Mercês
Curitiba/PR – CEP: 80810-002
Tel. (41) 3156 - 4731
www.editoraappris.com.br

Printed in Brazil
Impresso no Brasil

Lisanil da Conceição Patrocínio Pereira
Evaldo Ferreira
Miguel Castilho Junior
Waldinéia Antunes Alcântara Ferreira
(org.)

TERRITÓRIO, CULTURA E IDENTIDADE
AMIGOS DO CLIMA

Appris
editora

Curitiba, PR
2024

FICHA TÉCNICA

EDITORIAL
Augusto Coelho
Sara C. de Andrade Coelho

COMITÊ EDITORIAL
Ana El Achkar (Universo/RJ)
Andréa Barbosa Gouveia (UFPR)
Antonio Evangelista de Souza Netto (PUC-SP)
Belinda Cunha (UFPB)
Délton Winter de Carvalho (FMP)
Edson da Silva (UFVJM)
Eliete Correia dos Santos (UEPB)
Erineu Foerste (Ufes)
Fabiano Santos (UERJ-IESP)
Francinete Fernandes de Sousa (UEPB)
Francisco Carlos Duarte (PUCPR)
Francisco de Assis (Fiam-Faam-SP-Brasil)
Gláucia Figueiredo (UNIPAMPA/ UDELAR)
Jacques de Lima Ferreira (UNOESC)
Jean Carlos Gonçalves (UFPR)
José Wálter Nunes (UnB)
Junia de Vilhena (PUC-RIO)

Lucas Mesquita (UNILA)
Márcia Gonçalves (Unitau)
Maria Aparecida Barbosa (USP)
Maria Margarida de Andrade (Umack)
Marilda A. Behrens (PUCPR)
Marília Andrade Torales Campos (UFPR)
Marli Caetano
Patrícia L. Torres (PUCPR)
Paula Costa Mosca Macedo (UNIFESP)
Ramon Blanco (UNILA)
Roberta Ecleide Kelly (NEPE)
Roque Ismael da Costa Güllich (UFFS)
Sergio Gomes (UFRJ)
Tiago Gagliano Pinto Alberto (PUCPR)
Toni Reis (UP)
Valdomiro de Oliveira (UFPR)

SUPERVISORA EDITORIAL
Renata C. Lopes

PRODUÇÃO EDITORIAL
Adrielli de Almeida

REVISÃO
Simone Ceré

DIAGRAMAÇÃO
Jhonny Alves dos Reis

CAPA
Carlos Pereira

REVISÃO DE PROVA
Bruna Santos

COMITÊ CIENTÍFICO DA COLEÇÃO CIÊNCIAS SOCIAIS

DIREÇÃO CIENTÍFICA
Fabiano Santos (UERJ-IESP)

CONSULTORES
Alícia Ferreira Gonçalves (UFPB)
Artur Perrusi (UFPB)
Carlos Xavier de Azevedo Netto (UFPB)
Charles Pessanha (UFRJ)
Flávio Munhoz Sofiati (UFG)
Elisandro Pires Frigo (UFPR-Palotina)
Gabriel Augusto Miranda Setti (UnB)
Helcimara de Souza Telles (UFMG)
Iraneide Soares da Silva (UFC-UFPI)
João Feres Junior (Uerj)

Jordão Horta Nunes (UFG)
José Henrique Artigas de Godoy (UFPB)
Josilene Pinheiro Mariz (UFCG)
Leticia Andrade (UEMS)
Luiz Gonzaga Teixeira (USP)
Marcelo Almeida Peloggio (UFC)
Maurício Novaes Souza (IF Sudeste-MG)
Michelle Sato Frigo (UFPR-Palotina)
Revalino Freitas (UFG)
Simone Wolff (UEL)

SUMÁRIO

1

AMIGOS DO CLIMA: DECOLONIZANDO MODOS DE VIDAS PARA SALVAR O PLANETA 11
Lisanil da Conceição Patrocínio Pereira, Evaldo Ferreira, Miguel Castilho Júnior,
Waldinéia Antunes Alcântara Ferreira

2

TECENDO CONEXÕES E AFETOS: PLANTAS QUE CUIDAM 21
Jonathan Bryan da Silva, Waldinéia Antunes de Alcântara Ferreira, Elizabeth Ângela dos Santos

3

O USO DOS CHÁS MEDICINAIS E OS CONHECIMENTOS ANCESTRAIS: UM ESTUDO NO MUNICÍPIO DE PEIXOTO DE AZEVEDO-MT 27
Thais Franco Cardoso, Ana Cláudia Taube Matiello, Lisanil da Conceição Patrocínio Pereira

4

USO SOCIAL DA BIODIVERSIDADE E CONHECIMENTO DAS BENZEDEIRAS EM QUINTAIS RURAIS DE JANGADA-MT 33
Faustino Aparecido da Silva, Cleomara Nunes do Amaral, Lisanil da Conceição Patrocínio Pereira

5

FLORES DO CERRADO: UTILIZANDO AS PLANTAS DO CERRADO COMO ORNAMENTAIS NO PERÍODO DE ESTIAGEM 39
Arinete Dias de Carvalho

6

MÃOS NA MASSA: REDE SOLIDÁRIA, UM JEITO DE AGROECOLOGIZAR . . 43
Nivaldo Lúcio dos Santos, Waldinéia Antunes de Alcântara Ferreira, Elizabeth Ângela dos Santos

7

DO SOLO À MESA: O IMPACTO DOS ALIMENTOS ORGÂNICOS NA SAÚDE E NO CLIMA 47
Andréia Avelina da Silva, Lisanil da Conceição Patrocínio Pereira

8

QUINTAL PRODUTIVO: MEMÓRIA AFETIVA DE UMA CUIABANA AFRODESCENDENTE VILA-BELENSE 55

Ana Gabriela Almeida Veras, Maria Luiza Costa de Almeida, Odeval Veras de Carvalho,

Euzemar Fátima Lopes Siqueira, Lisanil da Conceição Patrocínio Pereira

9

PRÁTICAS AGROECOLÓGICAS EM QUINTAIS URBANOS DE JUARA-MT: O CULTIVO DO COCO VERDE 63

Érica Lopes da Silva, Emanuelle Lopes Perez, Ronélia do Nascimento

10

PRODUÇÃO DE HORTALIÇA HIDROPÔNICA NO MUNICÍPIO DE ARIPUANÃ-MT 71

Greiciane Moreira Alves, Laura Pereira da Silva, Mara Juliane Rudnik,

Lisanil da Conceição Patrocínio Pereira

11

TERRITÓRIOS E SUAS IDENTIDADES CULTURAIS NAS COMUNIDADES TRADICIONAIS NO MUNICÍPIO DE JANGADA-MT 79

Marely Silva Almeida, Lisanil da Conceição Patrocínio Pereira

12

SABER HERDADO: A RELAÇÃO DA AGRICULTURA FAMILIAR NA PRODUÇÃO DO KANJINJIN 85

Joice Gonçalves dos Santos, Talita Vitória Faustino Rodrigues, Reyller Amaro Andrade,

Lisanil da Conceição Patrocínio Pereira

13

O FORTALECIMENTO DA CULTURA E A RETIRADA DA SUSTENTABILIDADE DA ROÇA 93

Awatage Morimã, Lucinda do Carmo Sirayup Kayabi, Waldinéia Antunes de Alcântara Ferreira

14

TERRITORIALIDADES DA AGRICULTURA FAMILIAR E COMUNIDADES TRADICIONAIS NUMA PERSPECTIVA DO MODO DE PRODUÇÃO CAPITALISTA 99

Odeval Veras de Carvalho, Lisanil da Conceição Patrocínio Pereiral

15

SABERES E FAZERES DE UM AGRICULTOR FAMILIAR NO ASSENTAMENTO SANTO ANTÔNIO DO BELEZA, VILA RICA-MT 103

Jane Matos da Silva, Lisanil da Conceição Patrocínio Pereira

16

SABERES E FAZERES DE UM AGRICULTOR FAMILIAR EM SÃO FÉLIX DO ARAGUAIA. 111

Diamara Moreira Silva Reis, Frailan Pereira de Novaes, Lisanil da Conceição Patrocínio Pereira

17

EXTRATIVISMO DA CASTANHA (SABER CULTURAL) E A COMERCIALIZAÇÃO/ALIMENTAÇÃO TRADICIONAL DO POVO APIAKÁ, DA ALDEIA MAYROB 119

Luelson Morimã Sabanes, Claudilene Burum Sabanes, Lucildo krixi Sabanes,

Waldinéia Antunes de Alcântara Ferreira, Marinez Monzalina Crixi Morimã

18

PROJETO DE APICULTURA NA ESCOLA ESTADUAL TERRA NOVA: SUSTENTABILIDADE AMBIENTAL E SOCIAL 125

Ana Liliam Fidelix da Silva, Igor Narcizo Cardoso, Jaquelyne Alves de Matos,

Gladiston de Macena Colmam, Ana Cláudia Taube Matiello, Lisanil da Conceição Patrocínio Pereira

19

O PROCESSO DO LEITE NA ESCOLA AGRÍCOLA TERRA NOVA, MUNICÍPIO DE TERRA NOVA DO NORTE-MT 131

Mychele Ketellen Peres de Souza, Hellen Silvino De Camargo, João Pedro Benis

Roseli de Cassia Careno Guermandi, Ana Cláudia Taube Matiello,

Lisanil da Conceição Patrocínio Pereira

20

SABERES E FAZERES AGROECOLÓGICOS SULEADOS PELO PROJETO PEDAGÓGICO DA ESCOLA ESTADUAL TERRA NOVA.................... 135

Igor Narcizo Cardoso, Ana Cláudia Taube Matiello, Lisanil da Conceição Patrocínio Pereira

21

O CULTIVO DA RÚCULA NO MUNICÍPIO DE NOVO MUNDO-MT 139

Lucas Eduardo Dociati Ritter, Luanna Isabelly de Souza da Silva, Ana Cláudia Taube Matiello,

Lisanil da Conceição Patrocínio Pereira

22

MANEJO DA CULTURA DA ALFACE AMERICANA NO MUNICÍPIO DE CLÁUDIA PARA A MANUTENÇÃO DA AGRICULTURA FAMILIAR 143

Eduardo Alkamin Bertoni, Ana Cláudia Taube Matiello, Lisanil da Conceição Patrocínio Pereira

23

A IMPORTÂNCIA DA AGRICULTURA FAMILIAR PARA AS FAMÍLIAS DOS MUNICÍPIOS DE CLÁUDIA E NOVO MUNDO 147

Eduardo Alkamin Bertoni, Lucas Eduardo Dociati Ritter, Luanna Isabelly de Souza da Silva,

Barbara Bonet Bortolini Machado, Ana Cláudia Tube Matiello, Lisanil da Conceição Patrocínio Pereira

24

HORTA PEDAGÓGICA E OS SABERES DO CAMPO 153

Priscila da Silva Prado, Kaic Pereira da Cunha, Francisco Assis de Assunção,

Samtina Carme da Silva

25

HORTA ESCOLAR NA E. E. PROFESSORA HILDA ROCHA SOUZA, EM SÃO FÉLIX DO ARAGUAIA: SABERES E FAZERES 157

Ivanilton Ferreira Costa, Fábia Fernandes, Lisanil da Conceição Patrocínio Pereira

26

SABERES E FAZERES EM HORTA ESCOLAR EM JANGADA-MT 163

Wagner Antônio dos Santos Lima, Lisanil da Conceição Patrocínio Pereira

27

REFLEXÕES SOBRE A HORTA DA ESCOLA OSCAR SOARES, DA CIDADE DE JUARA-MT.. 169

Isabela Diniz dos Santos, Luiz Eduardo Brito Correia, Meire Cardoso Ferreira,

Lisanil da Conceição Patrocínio Pereira

28

HORTA AGROECOLÓGICA NA ESCOLA ESTADUAL OSCAR SOARES, MUNICÍPIO DE JUARA-MT 173

Jhonata Landgraf Machado, Rudson Mateus Dante Lopes, Wesley Vitor Friske da Silva, Luiz Eduardo Brito Correia, Meire Cardoso Ferreira, Lisanil da Conceição Patrocínio Pereira

29

O DESENVOLVIMENTO DA ATIVIDADE AMBIENTAL NA ESCOLA ESTADUAL TERRA NOVA 179

Ana Liliam Fidelix da Silva, Vitória Ercego Klassen, Danielly Esmeralda Ferreira da Silva, Ana Cláudia Taube Matiello, Lisanil da Conceição Patrocínio Pereira

30

A IMPORTÂNCIA DO CURSO TÉCNICO EM AGROECOLOGIA PARA A ESCOLA ESTADUAL AGRÍCOLA TERRA NOVA NA MANUTENÇÃO DA AGRICULTURA FAMILIAR 183

Lídia Gabriela Missassi Carrara, Jayne Gomes Menezes, Ana Cláudia Taube Matiello, Lisanil da Conceição Patrocínio Pereira

31

A EDUCAÇÃO AMBIENTAL NO ENSINO-APRENDIZAGEM E A IDEIA DE SUSTENTABILIDADE 189

Odeval Veras de Carvalho, Euzemar F. L. Siqueira

32

A EDUCAÇÃO, PRODUÇÃO ORGÂNICA E ALIMENTAÇÃO SAUDÁVEL: UM DIÁLOGO NECESSÁRIO PARA AMENIZAR O CLIMA 195

Euzemar F. L. Siqueira

33

EXPERIÊNCIAS DECOLONIAIS: UM ESTUDO SOBRE AS MULHERES DO CAMPO E NO CAMPO DO MUNICÍPIO DE TERRA NOVA DO NORTE-MT .. 201

Ana Cláudia Taube Matiello, Lisanil da Conceição Patrocínio Pereira

34

O PAPEL SOCIAL DA MULHER RURAL NO DISTRITO DE AGROVILA DAS PALMEIRAS DE SANTO ANTÔNIO DO LEVERGER-MT 207

Maria da Penha Sales Guimarães, Rosilene Rodrigues Maruyama,

Lisanil da Conceição Patrocínio Pereira

SOBRE OS(AS) AUTORES(AS) 213

AMIGOS DO CLIMA: DECOLONIZANDO MODOS DE VIDAS PARA SALVAR O PLANETA

Lisanil da Conceição Patrocínio Pereira
Evaldo Ferreira
Miguel Castilho Júnior
Waldinéia Antunes Alcântara Ferreira

O apanhador de desperdícios
Uso a palavra para compor meus silêncios.
Não gosto das palavras
fatigadas de informar.
Dou mais respeito
às que vivem de barriga no chão
tipo água, pedra, sapo.
Entendo bem o sotaque das águas
Dou respeito às coisas desimportantes
e aos seres desimportantes.
Prezo insetos mais que aviões.
Prezo a velocidade
das tartarugas mais que a dos mísseis.
Tenho em mim um atraso de nascença.
Eu fui aparelhado
para gostar de passarinhos.
Tenho abundância de ser feliz por isso.
Meu quintal é maior do que o mundo.
Sou um apanhador de desperdícios:
Amo os restos
como as boas moscas.
Queria que a minha voz tivesse um formato
de canto.
Porque eu não sou da informática:
eu sou da invencionática.
Só uso a palavra para compor meus silêncios.
(Manoel de Barros, 2008)

Nós, professoras e professores, organizadores de mais um livro de textos e contextos que poderíamos dizer que são desimportantes, mas não o são, pois estamos diante de provações que são as maiores deste terceiro milênio: o ano de 2023 foi o mais quente da história da humanidade, desde a Revolução Industrial mudamos nosso modo de vida ao ponto em que as coisas passaram a ser criadas para serem descartadas em nome do capitalismo que precisa ser alimentado.

Ao longo do século XX vimos a revolução da agricultura acontecer com o argumento de alimentar mais pessoas, pois, desde a Revolução Industrial, a população mundial só cresce, ao ponto de em 2023 a Índia ultrapassar a China em número de habitantes. Os dois países mais populosos do mundo, sozinhos, têm mais de três bilhões de habitantes e todos os países, juntos, têm oito bilhões de habitantes. Mas, no entanto, apesar desse crescimento populacional, não é verdade que se precisa destruir mais territórios para produzir alimentos, pois produtos alimentícios são desperdiçados em detrimento de uma população que passa fome.

A despeito desse pseudoargumento, pois não queremos utilizar o verdadeiro nome para isso, que é mito – pois estamos também traumatizadas e traumatizados com a palavra *mito* –, queremos, à luz do poema de Manuel de Barros, dizer que não é só a Revolução Industrial, a modernização da agricultura, a revolução tecnológica que vêm destruindo o planeta, nós estamos nos destruindo ao ponto de que nossa cultura, nossa identidade têm mudado ao sabor da revolução tecnológica. Pasmem que crianças e adolescentes já não querem mais ler e escrever, vivem hoje conectados ao celular, mas sem muito saber interpretar o que está acontecendo no mundo.

Mas o analfabetismo das letras e da leitura das letras é um projeto daqueles que querem nos dominar de todas as formas, ao ponto de professores e pesquisadores, fazedores da ciência e do bem viver, que teimam e resistem, chamando a atenção e defendendo o ambiente, serem atacados mesmo por aqueles que querem proteger.

Além do calor insuportável no mundo todo e de forma especial em Mato Grosso e nos territórios em que vivemos, teimamos em defender a Amazônia, o Pantanal e a Chapada dos Guimarães (perdoe, Chapada, por não termos forças nem voz para defender sua beleza exuberante, que pode ser destruída muito em breve para que a riqueza do seu subsolo seja extraída por poderosos que estão nos governando).

Este livro é uma composição de textos que foram apresentados na Semana Nacional de Alimentos Orgânicos: Produto Orgânico - Amigo do Clima!, e também fez parte da Semana Nacional de Ciência e Tecnologia 2023, realizada na comunidade rural de Santana do Taquaral, no município de Santo Antônio do Leverger, organizada pelo Núcleo de Desenvolvimento Territorial da Baixada Cuiabana, da Universidade do Estado de Mato Grosso (UNEMAT), com o apoio do Curso de Licenciatura em Geografia, da Diretoria de Educação a Distância (Dead) da Universidade Aberta do Brasil (UAB) e do Programa de Pós-Graduação em Geografia (PPGGeo/UNEMAT), tendo a intenção de chamar a atenção para o consumo de produtos produzidos de forma agroecológica e seis benefícios para o clima, visto que a produção em larga escala tem provocado desequilíbrios no ambiente e tragédias ambientais.

Tem a intenção de incentivar o trabalho dos agricultores familiares, que, muitas vezes, pela ausência de apoio financeiro e dificuldades na produção, inclusive pela quantidade de agrotóxicos, têm inviabilizada sua atividade.

Os textos que aqui apresentamos são comprometidos com a preservação ambiental, proteção e inclusão de comunidades vulneráveis (indígenas, quilombolas e comunidades tradicionais).

Aqui cumprimos com o tripé Ensino, Pesquisa e Extensão, buscando fomentar o interesse de crianças, adolescentes, jovens e professores/as pela ciência, introduzindo-os/as à racionalidade do conhecimento científico, bem como divulgar à comunidade a produção científica e cultural, com a temática "Produto Orgânico: Amigo do Clima!".

Os capítulos dos textos aqui apresentados contam com orientações de professores e a repetição de nomes em coautoria se deve ao fato da existência de um movimento de diálogos, de identificação de ações que se incluem na soberania alimentar e na manutenção da vida, não apenas com a manutenção do que é físico, orgânico, mas também espiritualizado.

As coautorias repetidas são também leituras de ações do próprio trabalho do grupo de pesquisa do Laboratório de Estudos e Pesquisas da Amazônia Legal (LEAL) nesses espaços. Assim, esta edição é de algum modo especial pelos diálogos e uma estratégia textual interativa do grupo de pesquisa, reconhecendo ainda que a mesma foge das regras impostas pelas exigências de produção acadêmica.

O capítulo "Tecendo conexões e afetos: plantas que cuidam", de autoria de Jonathan Bryan da Silva, Waldinéia Antunes de Alcântara Ferreira e Elizabeth Ângela dos Santos, discute como as plantas medicinais são utilizadas por quase todas as culturas, porém as comunidades afrorreligiosas o fazem tanto para os cuidados com a saúde como também para os momentos ritualísticos. O objetivo foi o de apresentar um estudo de práticas agroecológicas feitas em um quintal de uma pessoa de religiosidade de matriz africana, produzindo uma relação de plantas usadas nos cuidados para com a saúde e o bem-estar na perspectiva da religiosidade de matriz africana. O estudo apontou que existe uma variedade de plantas que compõem um etnoconhecimento que compartilha cuidados com a saúde e religiosidade de matriz africana.

O capítulo "O uso dos chás medicinais e os conhecimentos ancestrais: um estudo no município de Peixoto de Azevedo – MT", de autoria de Thais Franco Cardoso, Ana Cláudia Taube Matiello e Lisanil da Conceição Patrocínio Pereira, procura demonstrar a relevância dos chás medicinais utilizados na medicina tradicional natural, que se baseia em conhecimentos empíricos e ancestrais. Apresenta a relevância dos chás medicinais e como eram utilizados pelos antigos para tratar as enfermidades da época, uma vez que, devido às grandes distâncias das capitais, os camponeses raramente tinham acesso aos hospitais e às farmácias. Além disso, a estudante ressalta a relevância da preservação dos saberes e conhecimentos dos médicos.

O capítulo "Uso social da biodiversidade e conhecimento das benzedeiras em quintais rurais de Jangada-MT", de Faustino Aparecido da Silva, Cleomara Nunes do Amaral e Lisanil da Conceição Patrocínio Pereira, aponta que os quintais consistem de uma porção de terra próxima à residência, onde é cultivada uma diversidade de espécies vegetais, algumas vezes em associação com animais domésticos. O estudo tem como objetivo identificar as espécies vegetais utilizadas nos quintais das comunidades rurais de Jangada-MT, observar as formas de uso dessas plantas, os aspectos culturais e socioeconômicos dos habitantes locais, que podem influenciar na composição dos quintais.

O capítulo "Flores do Cerrado: utilizando as plantas do Cerrado como ornamentais no período de estiagem", de Arinete Dias de Carvalho, discute a beleza das plantas do Cerrado que florescem em meio a estiagem da região, as espécies utilizadas foram o Cipó de Sino (*Mansoa difficilis*), Margarida do Cerrado *(Tithonia diversifolia)* e Algodão do Cerrado (*Cochlos-*

permum regium), para a ornamentação nos períodos de estiagem, já que essas plantas são adaptadas para esses períodos secos.

No capítulo "Mãos na massa: rede solidária, um jeito de agroecologizar", de Nivaldo Lúcio dos Santos, Waldinéia Antunes de Alcântara Ferreira e Elizabeth Ângela dos Santos, o texto tece relações entre a arte de fazer pão caseiro e a agroecologia. A arte de fazer pão caseiro é muito antiga e resgata saberes transmitidos de geração a geração, recuperando conhecimentos tradicionais e fortalecendo laços familiares e comunitários. Através da arte de fazer pão se compartilham, além da receita, as experiências e vivências de quem põe a mão na massa, promovendo a cooperação e solidariedade, fazendo com que mais pessoas tenham práticas saudáveis e sustentáveis. O texto traz uma narrativa biográfica, resultado de entrevista realizada com Dona Raquel, que partilhou sua história de vida tecida com a arte de fazer pão caseiro.

O capítulo "Do solo à mesa: o impacto dos alimentos orgânicos na saúde e no clima", de Andréia Avelina da Silva e Lisanil da Conceição Patrocínio Pereira, ensina que os alimentos orgânicos desempenham um papel essencial na promoção da saúde global e pela relevância para além da saúde humana, também pela preservação do clima e desafios agrícolas contemporâneos.

O capítulo "Quintal produtivo: memória afetiva de uma cuiabana afrodescendente vila-belense", de Ana Gabriela Almeida Veras, Maria Luiza Costa de Almeida, Odeval Veras de Carvalho, Euzemar Fátima Lopes Siqueira e Lisanil da Conceição Patrocínio Pereira, apresenta as plantas medicinais caseiras e seu uso para diversas enfermidades gastrointestinais, aplicação estimulante, calmante e antidepressiva. Apresenta também espécies frutíferas, ornamentais e exóticas. O texto contribui com a difusão dos saberes e conhecimentos ancestrais e, principalmente, valores, costumes e identidade da cultura dos povos afro-brasileiros, neste caso, saberes ancestrais da pessoa pesquisada de origem paterna da cidade de Vila Bela da Santíssima Trindade-MT.

O capítulo "Práticas agroecológicas em quintais urbanos de Juara-MT: o cultivo do coco verde", de Érica Lopes da Silva, Emanuelle Lopes Perez e Ronélia do Nascimento, apresenta a cidade de Juara, que é banhada por vários córregos e nascentes, contribuindo para que os moradores da zona urbana cultivem em seus quintais o coco verde. Esses plantios contribuem na alimentação humana e na arborização, cercada de saberes sobre cultivo, coleta e consumo.

O capítulo "Produção de hortaliça hidropônica no município de Aripuanã-MT", de Greiciane Moreira Alves, Laura Pereira da Silva, Mara Juliane Rudnik e Lisanil da Conceição Patrocínio Pereira, aborda a agricultura familiar no município de Aripuanã-MT. A pesquisa a campo foi realizada em uma propriedade rural que trabalha com hortaliça hidropônica, cultivando variedades de produtos para comercialização. Ainda no mesmo local a família cultiva algumas frutas para consumo próprio.

O capítulo "Territórios e suas identidades culturais nas comunidades tradicionais no município de Jangada-MT", de Marely Silva Almeida e Lisanil da Conceição Patrocínio Pereira, apresenta a importância da cultura popular das comunidades tradicionais do município de Jangada-MT. O território é o conceito e representa um espaço de vida e identidade de um povo que carrega história, costumes e valores daquele lugar e desse povo. A cultura e o território constroem um grande laço ligado ao patrimônio material e imaterial de um povo, representados por produtos artesanais, comidas típicas, arquitetura, variedades de raças locais, biodiversidade, reforçando a importância da preservação cultural local.

O capítulo "Saber herdado: a relação da agricultura familiar na produção do Kanjinjin", de Joice Gonçalves dos Santos, Talita Vitória Faustino Rodrigues, Reyller Amaro Andrade e Lisanil da Conceição Patrocínio Pereira, mostra como o saber da preparação do Kanjinjin é passado de geração em geração. A sua receita tem como base aguardente, cravo, canela, erva-doce, raízes, mel de abelha, gengibre e "ingredientes secretos", cada família tem o seu modo de preparo, portanto cada uma tem o seu sabor único.

O capítulo "O fortalecimento da cultura e a retirada da sustentabilidade da roça", dos autores Awatage Morimã, Lucinda do Carmo Sirayup Kayabi e Waldinéia Antunes de Alcântara Ferreira, aborda a roça na aldeia Figueirinha e a produção da farinha, que serve para consumo e para venda. A farinha de mandioca envolve o plantio das ramas na roça, depois a colheita, a preparação para virar farinha, como colocar na água, prensar, torrar e depois consumir e também vender. A comercialização é feita na aldeia, em outras aldeias e, às vezes, na cidade, mas tudo sob encomenda. A plantação é saudável, sem agrotóxico e ajuda no sustento da família. E também são conhecimentos que fazem parte da escola, da disciplina Agroecologia.

O capítulo "Territorialidades da agricultura familiar e comunidades tradicionais numa perspectiva do modo de produção capitalista", de

Odeval Veras de Carvalho e Lisanil da Conceição Patrocínio Pereiral, tem o objetivo de identificar o uso do território, a questão agrária e a valorização dos povos tradicionais, sob a perspectiva das territorialidades, da apropriação, expropriação e exploração do trabalhador no espaço agrário, da agricultura familiar como fonte de sobrevivência e da valorização das comunidades tradicionais.

O capítulo "Saberes e fazeres de um agricultor familiar no assentamento Santo Antônio do Beleza, Vila Rica-MT", de Jane Matos da Silva e Lisanil da Conceição Patrocínio Pereira, apresenta as experiências e desafios de Ademar Inocêncio Costa, um produtor rural no assentamento Santo Antônio do Beleza, em Vila Rica, Mato Grosso. Enfrentando obstáculos do sistema capitalista e as complexidades da vida rural, o relato ressalta a importância de valorizar agricultores familiares, evidenciando seu papel vital na produção de alimentos e a necessidade de práticas comerciais mais justas.

O capítulo "Saberes e fazeres de um agricultor familiar em São Félix do Araguaia", de Diamara Moreira Silva Reis, Frailan Pereira de Novaes e Lisanil da Conceição Patrocínio Pereira, é um relato de um agricultor que vive em São Félix do Araguaia-MT. Foi feita pesquisa com o mesmo, onde se obteve resultados precisos semelhantes a muitos agricultores brasileiros.

O capítulo "Extrativismo da castanha (saber cultural) e a comercialização/alimentação tradicional do povo Apiaká, da aldeia Mayrob", de Luelson Morimã Sabanes, Claudilene Burum Sabanes, Lucildo krixi Sabanes, Waldinéia Antunes de Alcântara Ferreira e Marinez Monzalina Crixi Morimã, trata sobre extrativismo da castanha e a comercialização econômica e social do povo Apiaká, da aldeia Mayrob, município de Juara-MT. Também é sobre a alimentação tradicional, os costumes e saberes do nosso povo.

O capítulo "Projeto de apicultura na Escola Estadual Terra Nova: sustentabilidade ambiental e social", de Ana Liliam Fidelix da Silva, Igor Narcizo Cardoso, Jaquelyne Alves de Matos, Gladiston de Macena Colmam, Ana Cláudia Taube Matiello e Lisanil da Conceição Patrocínio Pereira, é um relato do desenvolvimento do projeto de apicultura na Escola Estadual Terra Nova, bem como os efeitos que o projeto apícola e a apicultura podem causar. Este tema foi selecionado para divulgar a apicultura, incentivando mais investimentos nos jovens brasileiros para o empreendedorismo com esta atividade. Para a realização do mesmo, foram feitas pesquisas com os estudantes que integram o projeto apícola, e também na internet, bem como o conhecimento de autores do trabalho que partiram do projeto.

O capítulo "O processo do leite na Escola Agrícola Terra Nova, município de Terra Nova do Norte-MT", de Mychele Ketellen Peres de Souza, Hellen Silvino de Camargo, João Pedro Benis, Roseli de Cassia Careno Guermandi, Ana Cláudia Taube Matiello e Lisanil da Conceição Patrocínio Pereira, apresenta um relato do processo de retirada do leite das vacas no curral do grupo dos bovinos da Escola Agrícola Terra Nova até o processo de industrialização no grupo do processamento para o consumo e venda e também para as produções de guloseimas para a alimentação dos estudantes.

O capítulo "Saberes e fazeres agroecológicos suleados pelo Projeto Pedagógico da Escola Estadual Terra Nova", de Igor Narcizo Cardoso, Ana Cláudia Taube Matiello e Lisanil da Conceição Patrocínio Pereira,

apresenta os conceitos agroecológicos trabalhados pela Escola Estadual Agrícola de Terra Nova, no norte do estado de Mato Grosso. O Curso Técnico em Agroecologia tem sido importante para a formação técnica e humana dos estudantes e das comunidades rurais desse território.

O capítulo "O cultivo da rúcula no município de Novo Mundo-MT", de Lucas Eduardo Dociati Ritter, Luanna Isabelly de Souza da Silva, Ana Cláudia Taube Matiello e Lisanil da Conceição Patrocínio Pereira, mostra o manejo da **rúcula (***Eruca vesicaria ssp. sativa***)**, desde o seu plantio, cuidados e colheita. Tem como objetivo demonstrar a importância da mesma para o município de Novo Mundo, visto que a rúcula é extremamente comercializada pelos pequenos produtores.

O capítulo "Manejo da cultura da alface americana, no município de Cláudia para a manutenção da agricultura familiar", de Eduardo Alkamin Bertoni, Ana Cláudia Taube Matiello e Lisanil da Conceição Patrocínio Pereira, mostra o manejo da alface americana (*lactuca sativa L*) cultivada pelos produtores do sítio Heloisy, bem como a forma de plantio e colheita da cultura, contribuindo para a manutenção da agricultura familiar no município de Cláudia, estado do Mato Grosso.

O capítulo "A importância da agricultura familiar para as famílias dos municípios de Cláudia e Novo Mundo", de Eduardo Alkamin Bertoni, Lucas Eduardo Dociati Ritter, Luanna Isabelly de Souza da Silva, Barbara Bonet Bortolini Machado, Ana Cláudia Tube Matiello e Lisanil da Conceição Patrocínio Pereira, demonstra a forma de vida dos agricultores familiares, desde as suas produções, suas dificuldades com a falta de políticas públicas voltadas para a agricultura familiar.

O capítulo "Horta pedagógica e os saberes do campo", de Priscila da Silva Prado, Kaic Pereira da Cunha, Francisco Assis de Assunção e Samtina Carme da Silva, apresenta o papel das Ciências e Saberes do Campo, desenvolvido na Escola do Campo, com a ideia de promover o ensino da ciência vivenciada e valorizar os saberes locais em todos os sentidos.

O capítulo "Horta escolar na E. E. Professora Hilda Rocha Souza, em São Félix do Araguaia: saberes e fazeres", de Ivanilton Ferreira Costa, Fábia Fernandes e Lisanil da Conceição Patrocínio Pereira, discute a horta escolar na escola como forma de promover a educação ambiental, sensibilizando os estudantes e a comunidade em seu entorno.

O capítulo "Saberes e fazeres em horta escolar em Jangada-MT", de Wagner Antonio dos Santos Lima e Lisanil da Conceição Patrocínio Pereira, aborda a implementação de uma horta escolar na Escola Estadual Arnaldo Estevão de Figueiredo, no município de Jangada-MT.

O capítulo "Reflexões sobre a horta da Escola Oscar Soares, da cidade de Juara-MT", de Isabela Diniz dos Santos, Luiz Eduardo Brito Correia, Meire Cardoso Ferreira, Lisanil da Conceição Patrocínio Pereira, refere-se a um relato de experiência de uma aluna do ensino médio, para a participação na II Olimpíada Nacional e III Mostra Científica de Povos Tradicionais, Quilombolas e Indígenas de Mato Grosso. A realização do projeto da horta nesta escola é voltada à cuidadania com o bem-estar humano e ambiental.

O capítulo "Horta agroecológica na Escola Estadual Oscar Soares, município de Juara-MT", de Jhonata Landgraf Machado, Rudson Mateus Dante Lopes, Wesley Vitor Friske da Silva, Luiz Eduardo Brito Correia, Meire Cardoso Ferreira e Lisanil da Conceição Patrocínio Pereira, trata da horta da Escola Estadual Oscar Soares e explora a experiência estudantil na criação e manutenção de uma horta agroecológica, visando promover a educação ambiental e sustentabilidade.

O capítulo "O desenvolvimento da atividade ambiental na Escola Estadual Terra Nova", de Ana Liliam Fidelix da Silva, Vitória Ercego Klassen, Danielly Esmeralda Ferreira da Silva, Ana Cláudia Taube Matiello e Lisanil da Conceição Patrocínio Pereira, relata os métodos agroecológicos que os estudantes aprendem no curso técnico em agroecologia para realizar adubação orgânica conhecida como compostagem. Tal ensinamento tem a importância de manejar a adubação das plantas de todos os tipos, com métodos agroecológicos. Dessa forma a compostagem tem grande importância para a formação técnica dos estudantes da Escola.

O capítulo "A importância do Curso Técnico em Agroecologia para a Escola Estadual Agrícola Terra Nova na manutenção da agricultura familiar", de Lídia Gabriela Missassi Carrara, Jayne Gomes Menezes, Ana Cláudia Taube Matiello e Lisanil da Conceição Patrocínio Pereira, apresenta a relevância da agroecologia aplicada na Escola Estadual Terra Nova, que ensina técnicas importantes para os seus estudantes. A agroecologia ensina princípios fundamentais para uma formação mais humana e a educação para a produção de alimentos saudáveis por meio da agricultura familiar e da comunidade.

O capítulo "A educação ambiental no ensino-aprendizagem e a ideia de sustentabilidade", de Odeval Veras de Carvalho e Euzemar F. L. Siqueira, discute a educação ambiental no espaço escolar e na comunidade. Foi desenvolvido a partir do diagnóstico dos estudantes acerca da temática abordada.

O capítulo "A educação, produção orgânica e alimentação saudável: um diálogo necessário para amenizar o clima", de Euzemar F. L. Siqueira, aborda a crise climática e a necessidade de mudanças de atitudes, bem como a perspectiva agroecologia pelo viés da produção orgânica em busca de uma alimentação saudável.

O capítulo "Experiências decoloniais: um estudo sobre as mulheres do campo e no campo do município de Terra Nova do Norte-MT", de Ana Cláudia Taube Matiello e Lisanil da Conceição Patrocínio Pereira, descreve as experiências decoloniais vividas pelas mulheres no campo e fora dele, em Terra Nova do Norte, no estado do Mato Grosso. Essas mulheres nascidas e criadas na agricultura familiar que produzem em sua comunidade não compreendem a sua função como mantedoras dos saberes e fazeres do campo.

O capítulo "O papel social da mulher rural no distrito de Agrovila das Palmeiras de Santo Antônio do Leverger-MT", de Maria da Penha Sales Guimarães, Rosilene Rodrigues Maruyama e Lisanil da Conceição Patrocínio Pereira, discute o papel social da mulher que vende sua força de trabalho na agricultura familiar em uma perspectiva agroecológica e produção orgânica.

TECENDO CONEXÕES E AFETOS: PLANTAS QUE CUIDAM

Jonathan Bryan da Silva
Waldinéia Antunes de Alcântara Ferreira
Elizabeth Ângela dos Santos

Introdução

As plantas medicinais são usadas por muitas culturas, inclusive como prática de cunho religioso. Existem plantas que são sagradas, que são utilizadas em simpatias e benzeções por diferentes culturas. É difícil uma pessoa brasileira que já não tenha feito uso das ervas medicinais.

Ou seja, as plantas medicinais fazem parte da nossa cultura e também já foram reconhecidas cientificamente na área da saúde. Não podemos negar que o Brasil é um país com uma rica biodiversidade vegetal e que há, nas matas, no Cerrado, no Pantanal e em outros biomas, plantas que há séculos são usadas como remédios naturais, e também há conhecedores dessas plantas, as raizeiras, os benzedores, e muitos outros grupos, entre os quais se incluem as religiões de matriz africana.

O Brasil tem um rico conhecimento do uso das plantas medicinais e quase sempre, principalmente no interior do país, as casas são repletas de plantas medicinais. Também por essa razão em "2006 criou-se a Política Nacional de Plantas Medicinais" (Brasil, 2006).

Este texto tem o objetivo de apresentar um estudo feito no quintal da minha casa, juntamente com minha mãe, ouvindo seus conhecimentos sobre as plantas que fazem parte do nosso quintal, portanto, metodologicamente, usamos a história oral por compreender ser ela adequada para coletar relatos sobre os saberes relevantes acerca dessas plantas presentes no nosso quintal.

Figura 1 – Planta Comigo-Ninguém-Pode

Fonte: Elizabeth Santos (2023)

Compreendemos que este estudo é uma forma de visibilizar saberes associados a uma forma agroecológica com espiritualidade, pois as plantas a que nos referimos são utilizadas nas manifestações da religião afro-brasileira. A mata, as folhas, as plantas emanam energias e processos de cura do corpo e da alma. Importante dizer que o quintal abriga sementes e mudas que podem ser compartilhadas, produzindo assim um sistema agroecológico dentro de uma cosmologia e filosofia afrorreligiosa

Metodologia

O trabalho consiste na metodologia qualitativa com a pesquisa narrativa. Para Minayo (2001), a pesquisa qualitativa considera a prática exercida na abordagem da realidade, trabalhando com um universo de significados que não podem ser quantificados. Assim, a cultura, as crenças são espaços de relações e de busca de compreensões dessas realidades em suas diferentes manifestações. Auxilia essa compreensão a pesquisa narrativa, que, segundo Paiva (2008), consiste na coleta de histórias e de informações para entender determinado fenômeno, pode ser a partir dos relatos de experiência e saberes sobre a temática em estudo. Importante a utilização de entrevistas. Estas foram feitas com pessoas que residem na casa em que o quintal e as ervas medicinais estão plantados. A entrevista teve como objetivo saber o nome das plantas e entender a relação que elas têm com a religiosidade de matriz africana. Primeiramente, foram feitas leituras sobre as plantas medicinais em diferentes culturas, e posteriormente nos preparamos para o processo de escuta a partir do roteiro de entrevista sobre os saberes culturais acerca das plantas, capturamos a imagem das plantas por fotografia, em seguida escrevemos sobre os saberes das plantas que fazem parte deste trabalho.

Resultados e discussão

Apresentamos os resultados reafirmando que as plantas medicinais fazem parte de uma cultura milenar de diversos povos, um saber utilizado no passado e na atualidade por diversos grupos étnicos e comunidades tradicionais.

De acordo com Gomes, Dantas e Catão (2008), o uso dessas plantas e/ou a medicina fitoterápica e a magia herbal foi sendo disseminada pelos negros em território brasileiro a partir da rota do comércio escravo, porém não apenas por esse grupo, mas também por outros, como já dissemos.

> No Brasil, a medicina popular é o resultado de uma série de aculturações de técnicas utilizadas pelo português, pelo indígena e pelo negro. A contribuição do pajé ameríndio, do feiticeiro negro e do bruxo europeu foi de tão maneira misturada que hoje seria difícil distinguir o que é puramente indígena, negro ou branco (Gomes; Dantas; Catão, 2008, p. 111).

Essa miscigenação cultural advinda dos etnoconhecimentos das plantas culturais foi invadindo os quintais dos brasileiros, e hoje podemos afirmar que há neles a presença de plantas medicinais. O quintal é uma parte integrante da casa, um espaço com várias formas de ocupação, e uma delas é a realização do plantio de ervas medicinais. De acordo com Delpihim (2005), o quintal é uma quinta parcela do terreno, que ocupa o espaço atrás da casa, do lado e geralmente tem plantas.

O quintal observado fica localizado na frente, do lado e atrás da casa, ou seja, as plantas estão espalhadas pelo entorno da moradia. Localizamos nele uma variedade de plantas ornamentais, medicinais, frutíferas, porém discutiremos apenas algumas que são medicinais e que tem relação com a religião de matriz africana.

Existem nesse quintal várias plantas medicinais, são elas: arruda, alecrim, guiné, samambaia, comigo-ninguém-pode, lança-de-ogum, espada-de-são-jorge, espada-de-santa-bárbara, poejo, rosa-branca, quebra-pedra, caninha-do-brejo, boldo, mirra, babosa e hortelã. A seguir apresentamos um quadro com algumas plantas/ervas medicinais com os seus significados de uso.

Quadro 1 – Nome das plantas e seus significados

Nome da planta	Significados
Espada-de-iansã ou espada-de-santa-bárbara	Uma erva cortante que serve de proteção e também retira energia negativa. É uma erva protetora.
Espada-de-ogum ou espada-de-são-jorge	É um escudo para a casa, planta protetora.
Guiné	É uma erva de caboclos, serve para descarregar, uma erva cortante, faz-se banho para descarrego. Usada para tratamento de micose e para curar feridas.
Poejo	Serve para gripes e resfriados.
Quebra-demanda ou vence-demanda	Quebra as energias negativas e desfaz malefícios como olho gordo, enfim quebra as energias negativas. Ela serve como limpeza e é usada para banho na nossa religião.
Mirra	É uma planta protetora, planta para defesa e, quando alguém está com problema de saúde, carregado, com energia negativa, recomenda-se o banho de mirra. Tem propriedades anti-inflamatórias.
Samambaia	É uma planta de caboclo, usada para irradiar e aumentar a energia e principalmente, na gíria de desenvolvimento dos filhos, para irradiar e abrir os chacras.
Hortelã	Além de chá para as doenças do corpo, febre, infecções intestinais, também é uma erva utilizada em banho para energizar, trazer irradiações, para ter mais qualidade, energia para os guias espirituais. Tranquiliza as pessoas, é um tipo de calmante e também trata do estômago.
Quebra-pedra	Erva de Xangô, o Orixá da justiça, toma-se o banho para auxiliar na defesa e proteção. Tratamento dos rins.
Alecrim	Banho de perfume e defumação.
Tapete-de-oxalá ou boldo	O tapete de Oxalá serve para purificação e também usado para dor de estômago.

Fonte: pesquisa de campo (2023)

À medida que dialogávamos com os donos do quintal, praticantes da religião de Matriz Africana, especificamente do Templo de Luz Caboclo Girassol, e ao apresentarem a samambaia como planta de Caboclo, os colaboradores desta pesquisa cantaram um ponto, ou seja, um canto que tem funções definidas, que serve para limpeza do ambiente, incorporação. Os pontos também são cantados para os Orixás.

> Como gira o caboclo na mata
>
> Vai girando como o girassol
>
> Auê caboclo onde você mora
>
> Auê caboclo moro na samambaia
>
> Auê caboclo onde você mora
>
> Auê caboclo moro na samambaia
>
> Vai girando como o girassol
>
> Auê caboclo onde você mora (cantar 2x)

Observamos que o quintal é repleto de plantas que fazem o elo entre a religiosidade e os cuidados com a saúde, seja ela espiritual ou carnal. Compreendemos o conhecimento das pessoas que participam das casas de matriz africana, se constitui como um espaço de resistência e de valorização da cultura afro-brasileira, pois recriam, até mesmo em seus quintais, espaços de religação com a cultura afro, os saberes tradicionais das plantas e a religiosidade quando dos diferentes tipos de uso que fazem desses vegetais.

Então, afirmamos que "O lado místico e terapêutico se entrelaça em função de banhos, amacis, defumações, sacudimentos, limpeza de casa, enfim através da linha de ação das entidades espirituais" (Gomes; Dantas; Catão, 2008, p. 126).

Considerações finais

A busca das plantas para o tratamento de doenças faz parte de uma sabedoria que é popular, e é a partir do conhecimento popular e cultural dessas espécies vegetais que se desenvolveram e ainda se desenvolvem estudos para a produção de remédios utilizados pela farmacologia.

Dentro dessa perspectiva, podemos afirmar que os povos afro trouxeram conhecimentos importantes para a saúde no território brasileiro, também não podemos negar que há uma intensa conexão do conhecimento e do uso das plantas nas comunidades de terreiro, nas casas de religião de matriz africana. Há uma ligação das plantas com os praticantes desta religiosidade. Conforme Barboza, Munzanzu, Souza e Oyá (2021), sem as plantas não haveria as religiões de matriz africana, pois fazem parte de uma essência que é cosmológica e filosófica desse respectivo grupo.

Ter plantas no quintal é uma forma de agroecologia, a forma com que é plantada e cuidada é muito importante, pois tem fins medicinais e de religiosidade, mas sempre são plantadas a partir das sementes que elas dão, ramo, pequenas mudas que vão sendo espalhadas pela doação a outras pessoas, ou mesmo por doação das folhas para aqueles que precisam fazer o remédio. Do quintal estudado, ouvimos que muitas outras pessoas já leva-ram sementes e mudas para plantarem outros quintais, desse jeito há uma preservação e uma proteção para que não ocorra a extinção dessas plantas.

Referências

BARBOZA, M. S. L.; MUNZANZU, C. R.; SOUZA, I. A. dos Santos; OYÀ, E. de. "Sem as plantas a religião não existiria": simbologia e virtualidade das plantas nas práticas de cura em comunidades tradicionais de terreiros amazônicos (Santa-rém, PA). **Nova revista amazônica**, v. IX, n. 3, 2021.

BRASIL. **Política nacional de plantas medicinais e fitoterápicos**. Ministério da Saúde, Secretaria de Ciência, Tecnologia e Insumos Estratégicos, Departamento de Assistência Farmacêutica. Brasília: Ministério da Saúde, 2006.

GOMES, H. H. S.; DANTAS, I. C.; VASCONCELOS, M. H. C. de. Plantas medicinais: sua utilização nos terreiros de umbanda e candomblé na zona leste de cidade de Campina Grande-PB. **BioFar – Revista de Biologia e Farmácia**, v. 3, n. 1, 2008.

MINAYO, M. C. de S. (org.). **Pesquisa Social**: teoria, método e criatividade. 18. ed. Petrópolis: Vozes, 2001.

PAIVA, V. L. M. de O. e. A pesquisa narrativa: uma introdução. **Revista Brasileira de Linguística Aplicada**, 2008. Disponível: https://www.scielo.br. Acesso: 2 dez. 2023.

3

O USO DOS CHÁS MEDICINAIS E OS CONHECIMENTOS ANCESTRAIS: UM ESTUDO NO MUNICÍPIO DE PEIXOTO DE AZEVEDO-MT

Thais Franco Cardoso
Ana Cláudia Taube Matiello
Lisanil da Conceição Patrocínio Pereira

Introdução

Este trabalho tem por objetivo demonstrar a importância dos chás medicinais e a ancestralidade por trás desse conhecimento passado de geração em geração pelos povos tradicionais. A autora desta pesquisa, neta de curandeira que residia no campo no município de Peixoto de Azevedo, no estado do Mato Grosso, a partir do conhecimento adquirido pela família, produziu este trabalho com relatos de experiência sobre as parteiras que utilizavam desses conhecimentos também.

Há aproximadamente 60 anos, a maioria dos camponeses não tinha acesso a médicos e farmácias. Não que não houvesse médicos e farmácias, mas, devido às distâncias longas entre as áreas rurais, os camponeses utilizavam conhecimentos tradicionais empíricos e ancestrais, que eram transmitidos de geração em geração.

Passavam-se gerações de conhecimentos sobre os chás medicinais, compressas e uso de ervas que curavam, pouco se ouvia falar de ir ao médico, os povos buscavam a cura de suas enfermidades em remédios caseiros, produzidos com o que a natureza lhes oferecia.

Infecções virais – Flor do sabugueiro

Figura 1 – Flor do Sabugueiro

Fonte: Lins (2020)

Para o tratamento de infecções virais como catapora, varicela e sarampo, os chás de flor do sabugueiro eram preparados para remover o vírus do corpo. Dessa forma, o chá de flor do sabugueiro atuava como sudorífero, cicatrizante, emoliente, diurético, béquico, antiespasmódico e antitérmico natural. As flores eram usadas para combater o sarampo e as cascas e folhas, contra resfriados.

Para disenteria, era recomendado o chá de erva santa-maria e erva--doce e em alguns casos mais severos era utilizado o chá de banana-maçã verde e broto de goiabeira. Para gripes virais comuns, eram utilizados chás de folha de laranjeira.

Coqueluche – Flor da mata e flor-de-são-joão

Figura 2 – Flores da mata e são-joão

Fonte: USP (2020)

Também era frequente a tosse conhecida como coqueluche, uma infecção altamente contagiosa do trato respiratório que pode ser transmitida por meio de tosse, espirro ou saliva. Coqueluche se caracteriza por tosse intensa e coriza. Para tratar esta enfermidade, era feito um xarope com flores coletadas no campo, a flor da mata, flor-de- são-joão e toda flor que fosse doce e de cheiro agradável, não eram recolhidas flores amargas. Logo após serem recolhidas, eram lavadas em água corrente e colocadas todas em uma panela na qual era adicionada água até cobrir as flores, também era coletado no campo o fruto maduro da planta nativa caraguatá, a Bromélia antacanta Bertol, sendo popularmente conhecida como caraguatá ou bananinha-do-mato, devido à aparência de seus frutos (bagas amarelas), é uma espécie nativa do Brasil, sendo muito utilizada de forma medicinal no preparo de xaropes para problemas respiratórios, como asma e bronquite, por sua ação expectorante.

No xarope era adicionada a erva santa-maria, a qual possui propriedades medicinais: anti-inflamatória, antiviral, aromática, antisséptica, cicatrizante, diurética, estimulante, purgante, sedativa, sudorífica, tônica, vermífuga. E juntamente com os demais ingredientes era adicionado mel. A panela era levada ao fogo e assim que o xarope engrossasse e esfriasse deveria ser coado e servido à pessoa que estava com coqueluche. Na Figura 3 é possível observar a imagem da erva de santa-maria.

Figura 3 – Erva santa-maria

Fonte: Viva com saúde (2019)

Metodologia

A presente pesquisa realizou entrevista, via WhatsApp, com a avó da autora, Catarina Gonçalves Cardoso, uma senhora de 70 anos que possui muita sabedoria cultural e ancestral, que tem sido transmitida de forma oral de geração para geração. Por meio de entrevistas e conversas, a autora pôde resgatar um pouco desses conhecimentos sobre tratamentos feitos com ervas medicinais que a avó e seus ancestrais utilizavam.

No entanto, a autora salienta que é importante lembrar que, embora essas plantas possam ter propriedades medicinais, elas não substituem o tratamento médico convencional. Consulte um profissional de saúde antes de iniciar qualquer tratamento à base de plantas. Além disso, a eficácia e a segurança desses tratamentos à base de plantas podem variar e não foram totalmente estudadas em ensaios clínicos. Os conhecimentos retratados neste trabalho são conhecimentos empíricos.

Além disso, usamos a referência bibliográfica de trabalhos desenvolvidos principalmente durante a Olímpiada Nacional de Povos Tradicionais, Indígenas e Quilombolas, até mesmo da própria autora Jope, Franco, Fondeli, Matiello *et al.* (2022), que dão base a esse tipo de produção.

Resultado e discussões

Nos resultados a autora traz alguns relatos de sua avó, uma anciã que possui muitos conhecimentos sobre a utilização de produtos naturais e chás medicinais para a cura de algumas enfermidades, o que se torna relevante para este estudo, visto que muitos desses conhecimentos estão sendo perdidos com o passar das gerações. Além disso, trazemos relato sobre os partos realizados em casa, demonstrando a importância das parteiras e os conhecimentos das mesmas.

Durante a gestação, poucas mulheres tinham acesso ao pré-natal, que hoje está disponível em todas as unidades de saúde e em postos de saúde. Nas décadas de 1970 e 1980, as mulheres realizavam seus partos em casa, geralmente por parteiras, vizinhas ou amigas. Em alguns casos as mulheres até tinham suas bebês sozinhas.

Além disso, a recuperação depois do parto e durante a gravidez era feita naturalmente. Durante o pós-parto, a mulher passava três dias na cama, não tomava banho, limpava-se com pano molhado e não podia beber água fria. Para limpar, a mulher usava água morna e umedecia flanelas de algodão.

A mulher acamada só voltava a tomar banho de corpo todo sem molhar a cabeça depois de três dias. O cabelo era penteado somente após nove dias, sempre respeitando o resguardo do parto, sem carregar peso, sem comer frituras, nem carne rimosa, como peixe, pato e carne suína. As mesmas só poderiam ter relação sexual ao fim da dieta, que era de 40 dias. E se a mulher sentisse muita cólica durante o pós-parto, deveria tomar chá de arruda, de coentro ou camomila.

A autora traz ainda o relato disponibilizado pela avó que teve seus oito filhos durante a década de 1970, e conta como foi o processo gestacional:

> Durante a gestação dos meus filhos, eu não tomei nenhuma vacina, nuca fui em posto de saúde neste período, não fiz ultrassom, eu nunca sabia o sexo do bebê que ia nascer, mas eu me cuidava muito, cuidava com a alimentação durante a gestação, quando eu estava já começando a sentir as dores de parto eu tomava um chá de canela bem forte, fervia a canela e tomava chá bem quente, que era para ajudar nas contrações, ai teve um dos meus filhos que nasceu só com a força do chá de canela, nasceu sozinho, não sei se foi uma grande sorte minha ou se foi o chá que fez nascer rápido, mas a criança nasceu

> sozinha logo que tomei o chá de canela. Só fui ao médico para ganhar dois filhos o restante dos meus os meus seis filhos eu ganhei em casa, mas graças a Deus todos com saúde.

Durante o período gestacional as mulheres fritavam a banha da galinha sem sal e guardavam; quando os bebês apresentavam cólica, era frita na banha da galinha a flor de camomila, e depois, quando morno o óleo, era ensopado um paninho bem molinho e colocava em cima da barriguinha, em cima do umbigo para aliviar cólica de bebês recém-nascidos. A flor não deveria ser colocada em cima do umbigo, o paninho deveria ser dobrado e colocadas as flores no meio do paninho.

Para curar o umbigo do bebê, as mulheres preparavam faixas antes de ele nascer, porque não tinham acesso a gaze por ser tudo longe, então elas eram feitas de tecidos bem fininhos e esterilizadas em água fervente, e já ficavam guardadas e passadas. Quando o bebê nascia, passavam banha de galinha morna naqueles paninhos, e os colocavam em cima do umbigo do bebê, que caía com sete dias, mas depois disso a criança continuava usando as faixas até três meses, quando já não tinha mais cólica. O recém-nascido também não podia sentir friagem, as mulheres davam banhos nos bebês em água morna e sempre em locais fechados, e durante banho a criança continuava com a faixa e após ela era removida e trocada por outra limpa e a área da faixa era limpa com pano úmido.

Considerações finais

A medicina tradicional é antiga e usada por muitas culturas, embora a medicina moderna tenha substituído boa parte da medicina tradicional. Apesar da evidência apresentada, é possível concluir que o tema em questão é relevante para a compreensão e aperfeiçoamento do ponto de vista social. A medicina tradicional é uma prática valiosa que deve ser preservada e estudada para podermos adquirir mais conhecimento sobre suas propriedades curativas de forma científica, o que pode ser aplicado para a melhoria da saúde humana.

Referências

JOPE, A. R. *et al.* A importância do grupo do processamento da escola estadual Terra Nova-MT. *In*: OLIMPÍADA NACIONAL DE POVOS TRADICIONAIS, QUILOMBOLAS E INDÍGENAS, Cuiabá, 2022. **Anais [...]**. Cuiabá, MT: UFMT, 2022.

4

USO SOCIAL DA BIODIVERSIDADE E CONHECIMENTO DAS BENZEDEIRAS EM QUINTAIS RURAIS DE JANGADA-MT

Faustino Aparecido da Silva
Cleomara Nunes do Amaral
Lisanil da Conceição Patrocínio Pereira

Introdução

Este trabalho tem por objetivo estudar os quintais de agricultores familiares no município de Jangada-MT, especialmente quanto as plantas cultivadas e utilizadas por mulheres benzedeiras de comunidades rurais neste município.

No Brasil, quintal é o termo utilizado para se referir ao espaço do terreno situado ao redor da casa, definido na maioria das vezes como a porção de terra próxima a casa, de acesso fácil e cômodo, na qual se cultivam ou se mantêm múltiplas espécies que fornecem parte das necessidades nutricionais da família, assim como outros produtos, como lenha e plantas medicinais (Brito; Coelho, 2000).

Os quintais domésticos funcionam como reservatórios de biodiversidade em comunidades mundo afora. Em muitas culturas, as mulheres são as principais responsáveis pelo cuidado com os quintais, pois constitui-se de uma importância doméstica, garantindo o acesso das famílias a uma dieta saudável e adequada ao gosto e às tradições locais. As mulheres preservam a biodiversidade por meio de plantações em alta densidade de espécies subutilizadas, de forma que seus quintais se transformam em um laboratório de experiências para a adaptação de variedades locais e não domesticadas (Oakley, 2004).

Figura 1 – Plantas nos quintais utilizadas para benzeção e proteção (*Ruta graveolens* L. e *Dracaena trifasciata* (Prain) Mabb. (2017)

Fonte: elaborado por Faustino A. da Silva

Algumas plantas são cultivadas mais próximas à residência. Segundo os moradores, elas são consideradas plantas de "proteção", possuindo poderes "místicos e/ou religiosos", como é o caso da espada-de-são-jorge (Sansevieria cylindrica), do comigo-ninguém-pode (Dieffenbachia picta) e da arruda (Ruta graveolens), também citadas como medicinais. Neste estudo foram mencionadas quatro plantas utilizadas para essa finalidade, representando menos de 4% do total. Às plantas da categoria mística são atribuídos os poderes de proteção da casa, de "espantar maus agouros" e de curar as pessoas que sofrem de moléstias não explicadas cientificamente, sendo a principal forma de utilização das plantas o banho.

É fato que as comunidades estudadas, assim como boa parte do território brasileiro, possui raízes indígenas muito fortes, além da contribuição de negros e brancos que se instalaram na região durante seu processo de ocupação. Tal miscigenação se faz presente na cultura local, refletindo nas práticas e nas formas de uso e manejo de seus recursos naturais, neste caso, as plantas.

Em Jangada, os benzedores também demonstraram grande conhecimento a respeito das plantas e de seus diferentes usos, e também prescreviam remédios à base de plantas medicinais.

Caracterização da área de estudo

O presente trabalho foi desenvolvido no município de Jangada, área tradicional de ocupação do estado de Mato Grosso, denominada Território da Baixada Cuiabana, a economia local é voltada à agricultura, especialmente para o autoconsumo e criação de gado. O município é composto por um grande número de agricultores familiares e tradicionais localizados em comunidades rurais do município. As comunidades estão localizadas a cerca de 30 km da sede, que por sua vez localiza-se a 90 km de Cuiabá.

O município de Jangada possui 28 comunidades em área rural, algumas delas oriundas de projetos de assentamentos (oito) e outras são reconhecidamente tradicionais no uso da terra e nas práticas agrícolas. Tais comunidades se estabeleceram há décadas no local, sendo a maioria da população de origem cabocla, mestiços de brancos e indígenas. Entretanto, vale salientar que não há registros oficiais ou documentos históricos sobre as populações indígenas que habitaram este território, a maioria dos dados e informações sobre estas comunidades são obtidos pelos relatos da própria população, especialmente dos habitantes mais antigos (Amaral; Guarim, 2007).

Metodologia

No mês de setembro de 2023 foram realizadas visitas às famílias de agricultores familiares das comunidades rurais do município, com intuito de verificar os saberes e diferentes usos dos recursos vegetais cultivados e manuseados pelas mulheres nos tradicionais quintais destas comunidades. A metodologia seguiu a técnica de entrevistas semiestruturadas, de acordo com Ludke e André (1986), seguindo orientações de Richardson (1999).

Ao total foram entrevistados dez moradores de comunidades rurais do município de Jangada. A entrevista para coleta de dados continha uma série de perguntas abertas, de acordo com Albuquerque (2002) e Amorozo (1996), com informações pertinentes sobre as espécies, utilização, preparação, ocorrência e estado de conservação das plantas no ambiente.

Para as entrevistas foram selecionadas preferencialmente mulheres, raizeiras, benzedeiras, ou outras indicadas como conhecedoras sobre o uso de plantas e dos recursos naturais da região e que se dispuseram em participar da pesquisa.

Resultados e discussão

A partir dos resultados das entrevistas foram relacionadas 113 espécies vegetais, pertencentes a 98 gêneros e 48 famílias botânicas. A família Asteraceae foi a mais representativa, possuindo 11% das espécies citadas, Lamiaceae 5%, seguida das famílias Arecaceae, Bignoniaceae, Fabaceae, Lamiaceae, Mimosaceae, Myrtaceae e Rubiaceae, que apresentaram 4% do total das espécies citadas.

A Família botânica Asteraceae também foi a família com maior número de espécies no estudo realizado por Xavier (2005), que também menciona que esta parece ser a família mais representativa nos estudos realizados em Mato Grosso. O mesmo resultado foi encontrado por Maciel (2004), o que indica ser essa uma família botânica com um grande número de espécies e de importância social para as famílias das comunidades rurais de Mato Grosso.

As espécies botânicas citadas pelos moradores da comunidade são utilizadas para diversas finalidades, tais como: uso medicinal (57%), alimentação (18%), madeira (8%), artesanato (5%), mística (2%), repelente de insetos (4%), ornamental (1%) e outros (5%).

Segundo os moradores, as plantas utilizadas na comunidade são ainda de fácil obtenção. Somente algumas plantas como a marcela (*Achyrocline satureioides*), a ximbuva (*Enterolobium contortisiliquum* (Vell.) Morong) e a urumbamba (*Desmoncus leptoclonus* Drude) tornaram-se mais difíceis de ser encontradas, em consequência do aumento do desmatamento.

Considerações finais

O grande número de plantas utilizadas pela comunidade em seus quintais e que podem ser encontradas, na maioria das vezes, com facilidade na região, revela que os moradores detêm técnicas de manejo adequado, bem como são conscientes da importância da conservação dos recursos naturais para sua sobrevivência.

Referências

ALBUQUERQUE, U. P. de. **Introdução à etnobotânica**. Recife: Bagaço, 2002.

AMARAL, C. N.; GUARIM, V. L. M. S. Estudo etnobotânico da comunidade Rural de Cascavel (Jangada – MT). **Revista Brasileira de Biociências**, Porto Alegre, 2007.

AMOROZO, M. C. de M. A abordagem etnobotânica na pesquisa de plantas medicinais. *In:* DI STASI, L. C. (ed.). **Plantas medicinais**: arte e ciência – um guia de estudo interdisciplinar. São Paulo: Ed. Unesp, 1996.

BRITO, M. M.; COELHO, M. F. Os quintais agroflorestais em regiões tropicais - unidades auto-sustentáveis. **Revista Agricultura Tropical**, Cuiabá, 2000.

LUDKE, M.; ANDRÉ, E. D. **Pesquisa em Educação**: abordagens qualitativas, (temas básicos e educação e ensino). São Paulo: Pedagógica e Universitária, 1986.

MACIEL, M. R. A. **Uso social da biodiversidade**: um estudo etnoecológico sobre os recursos vegetais em Juruena, Mato Grosso, Brasil. 2005. 130f. Dissertação (Mestrado em Ecologia e Conservação da Biodiversidade) – Universidade Federal de Mato Grosso, Cuiabá, 2005.

MACIEL, M.; NETO, G. G. Um olhar sobre as benzedeiras de Juruena (Mato Grosso, Brasil) e as plantas usadas para benzer e curar. **Bol. Mus. Para. Emílio Goeldi**, Ciências Humanas, Belém, v. 2, n. 3, p. 61-77, 2004.

OAKLEY, E. Quintais domésticos: uma responsabilidade cultural. **Revista Agriculturas**, Rio de Janeiro, v. 1, n. 1, 2004.

RICHARDSON, R. J. **Pesquisa social: métodos e técnicas**. 3. ed. São Paulo: Atlas, 1999.

XAVIER, F. F. **Conhecimento tradicional e recursos vegetais**: um estudo etnoecológico em N. S. da Guia, Cuiabá, MT. 2005. Dissertação (Mestrado em Ecologia e Conservação da Biodiversidade) – Universidade Federal de Mato Grosso, Cuiabá, 2005.

FLORES DO CERRADO: UTILIZANDO AS PLANTAS DO CERRADO COMO ORNAMENTAIS NO PERÍODO DE ESTIAGEM

Arinete Dias de Carvalho

Introdução

> *Apesar da seca, o cerrado floresce.*
> *(Irmã Vera)*

As flores do Cerrado são conhecidas por sua beleza e diversidade, elas se adaptaram às condições de clima seco e solo pobre desse bioma, apresentando diferentes formas, cores e tamanhos. Essas flores desempenham um papel importante na polinização e na manutenção da biodiversidade do bioma Cerrado.

As flores do Cerrado podem ser utilizadas para ornamentação de diversas maneiras, como decorações de eventos, como casamentos e festas, e até mesmo em vasos para enfeitar ambientes internos. As flores do Cerrado espantam os menos avisados, quem imaginava que a seca era o fim de tudo leva um susto, pois centenas de espécies de flores fazem desse bioma um jardim inigualável (Gesisky, 2005).

Este trabalho tem como objetivo mostrar a beleza das plantas do Cerrado que florescem em meio à estiagem da região, as espécies utilizadas foram o cipó-de-sino (*Mansoa difficilis*), margarida-do-cerrado *(Tithonia diversifolia)* e algodão-do-cerrado (*Cochlospermum regium)* para a ornamentação nos períodos de estiagem, já que essas plantas são adaptadas para esses períodos secos.

Metodologia

Neste trabalho foram utilizadas três espécies de plantas do Cerrado para uso na ornamentação, que foram:

Cipó-de-sino (*Mansoa difficilis*): é trepadeira semilenhosa, rústica, ramificada, robusta, folhas verde-escuras, ramagem longa. Inflorescências laterais com flores em forma de funil rosa-arroxeadas com garganta mais escura. Propaga-se por sementes, é usada para ornamentação – revestimento de caramanchões, grades, muros, cercas e pórticos – e floresce no verão-outono.

Margarida-do-campo *(Bellis annua*): é uma planta herbácea com caules visíveis, ascendentes ou quase erectos, tem pelos mais rígidos que os das espécies mais aparentadas. As suas folhas variam com a forma de uma lança voltada para baixo. Os pedúnculos são finos e floresce no final do inverno. Sua flor é da cor amarela e em grande quantidade (Klima Naturali, sd).

Algodão-do-cerrado (*Cochlospermum regium)*: é uma espécie nativa do Cerrado, segundo maior bioma brasileiro. Na época da seca, a planta perde todas as folhas, que são simples, pode ser utilizada como ornamental, possuindo propriedades medicinais (Klima Naturali, sd).

Resultados e discussões

A falta de dar importância a essas flores para embelezar os jardins está atrelada à falta de conhecimento sobre essas plantas. Para Neves e colaboradores (2019), que utilizam o termo *Cegueira Botânica*, isso está atrelado à incapacidade de as pessoas notarem as plantas em seu dia a dia, com consequências negativas para o conhecimento e as atitudes em relação a plantas tão essenciais.

É importante escolher as espécies adequadas e respeitar as condições de cultivo para garantir que as flores se mantenham bonitas e saudáveis por mais tempo. As plantas do Cerrado têm maior resistência por serem nativas e conseguirem produzir florações exuberantes mesmo no período da estiagem (EMBRAPA, 2021, p. 47).

Figura 1 – Imagens dos exemplares das flores do Cerrado utilizadas na ornamentação, flores A: cipó-de-sino; B: margarida-do-campo; C: algodão-do-cerrado

  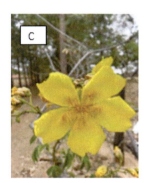

Fonte: Arinete Dias (2023)

Conclusões

Este trabalho veio com intuito de incentivar o plantio das plantas do Cerrado para ornamentação, por serem plantas adaptadas ao clima seco da região e que florescem no período de estiagem, produzindo as flores nos períodos mais secos do ano.

Referências

GESISKY, J. Que venha a seca. **O eco,** 19 maio 2005. Disponível em: https://oeco.org.br/reportagens/1129-oeco_12457/. Acesso em: 20 nov. 2023.

NEVES, A.; BÜNDCHEN, M.; LISBOA, C. P. Cegueira botânica: é possível superá-la a partir da Educação? **Ciênc. Educ**., Bauru, v. 25, n. 3, p. 745-762, 2019. Disponível em: https://www.scielo.br/j/ciedu/a/xQNBfh3N6bdZ6JKfyGyCffQ/?format=pdf. Acesso em: 4 dez. 2023.

SEGOVIA, J. F. O. FLORICULTURA tropical: técnicas e inovações para negócios sustentáveis na Amazônia. Brasília, DF: Embrapa, 2020. Disponível em: https://www.infoteca.cnptia.embrapa.br/infoteca/bitstream/doc/1129363/1/CPAF-AP-2020-Floricultura-Tropical.pdf. Acesso em: 20 nov. 2023.

6

MÃOS NA MASSA: REDE SOLIDÁRIA, UM JEITO DE AGROECOLOGIZAR

Nivaldo Lúcio dos Santos
Waldinéia Antunes de Alcântara Ferreira
Elizabeth Ângela dos Santos

Introdução

Este texto é um jeito de falar de agroecologia a partir do esforço de uma mulher negra que desenvolve várias atividades em prol da família, entre elas a produção caseira de pães.

Por que é um jeito de falar de agroecologia? Se o trigo e os demais ingredientes na sua maioria são resultantes de processos industrializados? Compreendemos que a forma com que os pães são produzidos e a história e a memória da família estão alicerçados com a busca do Bem Viver, com a busca de subsistir dentro de uma sociedade absolutamente capitalista e racista.

Pois a grande maioria das pessoas negras não tem acesso a terras, a um lugar onde possam plantar, ou a serviços reconhecidamente como espaço de todos. Quase sempre estamos alijados nas periferias, nas casas mais simples, nos empregos e subempregos do país.

O povo negro foi violentamente trazido para o Brasil, no período da colonização portuguesa e esse processo racializou o país, inferiorizando as pessoas negras, que eram vendidas como animais. Essa ideia de inferioridade é o racismo que impede que pessoas negras ocupem e sejam reconhecidas como pessoas de direito.

Em se tratando de mulheres negras, o processo discriminatório é ainda maior, pois as mesmas, devido a sua raça e gênero, frequentemente são excluídas e desvalorizadas, fazendo com que não tenham oportunidades igualitárias com as demais pessoas na sociedade, perdendo oportunidade de crescimento em todas as áreas (Kilomba, 2019).

Então, voltamos a questionar em reflexão: como falar em agroecologia, em produto orgânico diante do uso dos produtos industrializados?

Há outras transformações que vão além das massas, que transformam a vida subsidiando a vivência da família, e o fazer pão não é apenas juntar ingredientes, mas ter conhecimento de todo o processo, de fazer a massa, transformá-la em pães, negociá-los, vender e transformar esse pão em outros produtos alimentícios que não são apenas ingredientes para novos pães.

Metodologia

A metodologia foi o acompanhamento de como minha mãe produz pães. Observação de todo o processo. Entrevista sobre o significado dessa ação na sua vida e relações de solidariedade e bem viver.

Resultados e discussão

Apresento a história de vida da minha mãe, a senhora Raquel Luciana dos Santos, uma mulher negra que tem 55 anos e estudou até o quinto ano, pois teve que parar os estudos, como muitas outras mulheres negras da sua época, porque precisava ajudar a família em casa. É uma mulher mato-grossense que nasceu em Jaciara, filha de mineira com baiano. Os meus avós já haviam saído de Minas Gerais em busca de vida melhor, vieram para Mato Grosso, para a cidade de Jaciara e depois para Juara.

O movimento da marcha para o Oeste, além de trazer imigrantes de outros estados, também deslocou alguns mato-grossenses, ou famílias que já estavam em Mato Grosso para outros lugares, e é vivendo esta sina que minha família veio parar em Juara.

As histórias contadas é que vieram com o sonho de melhorar de vida, algumas pessoas adquiriram terreno direto do colonizador "Zé Paraná", essa situação foi relatada pela minha avó (Figura 1). Segundo ela, foi um tempo difícil, abriam-se estradas a machado, foi bastante difícil e vieram em cima de um caminhão e a viagem durou muitos dias até chegar ao município de Juara.

As memórias contadas é que algumas pessoas ganharam terreno para fazer com que essa região se "desenvolvesse" e fosse "ocupada". Minha avó foi por muito tempo cozinheira, lavadeira de roupa, empregada doméstica, e essa mulher negra não sabe ler. Foi no contexto dessa história que a minha mãe teve que sair da escola com a finalidade de ajudar na sobrevivência da família.

É a partir dessa memória que trazemos a atividade de produzir pães caseiros, um saber dominado em sentido de produção e de também fazer uma rede solidária que se estende da família de quem faz o pão para com os amigos e aquelas pessoas que passam a ser conhecidas de quem produz o pão.

O pão é um dos alimentos mais consumidos no mundo. De acordo com Souza (2020), o pão é um alimento que faz parte da cotidianidade de diversas classes sociais e esse alimento possui nutrientes como carboidratos e proteínas, que para a saúde humana são importantes porque auxiliam no funcionamento do organismo.

E fazer pão tem diferenças, há os que são feitos em padarias industrializadas, e aqueles que são caseiros, esse pão tem um significado familiar, solidário e de empreendimento solidário, pois é feito para a venda e para o consumo da própria família. O pão produzido por minha mãe usa o fermento natural feito por ela também, conforme relata em nosso diálogo:

> Meu fermento é caseiro, eu aprendi com uma amiga minha, bem senhorinha. Aí é aquele que eu boto, batata, trigo, aí se tira muda e guarda a muda pra próxima fazida de pão, formar aquele fermento. Aí amassa o pão, coloca trigo, bota um pouquinho de manteiga, açúcar, conforme o paladar... se quiser mais doce aumenta o açúcar, depois fica descansando umas quatro horas, depois de quatro horas cilindra, e depois mais cinco horas dele crescendo coloca para assar (Raquel Luciana dos Santos, 2023).

O fermento caseiro é feito a partir da fermentação natural, e faz parte de um conhecimento antigo, esse tipo de fermentação é a possibilidade de produzir pães mais saudáveis, pois as grandes empresas, além dos fermentos químicos industrializados, utilizam conservantes. Existem fermentos naturais que são feitos de outra forma, por exemplo, os que são produzidos

> [...] a partir de uma mistura de água e farinha. Essa mistura, na presença do ar, é dominada por uma complexa flora microscópica, composta por uma mistura de leveduras selvagens (fungos) e bactérias. Essa cultura é fundamental, por exemplo, para romper os grãos de amido e digerir parte do glúten durante a preparação da massa do pão, liberando carboidratos, proteínas e sais minerais que serão absorvidos pelo organismo (Pollan; Cooked apud Silva; Fríscio, 2021, p. 5).

Produzir o fermento artesanal na produção de pães caseiros é um saber de Dona Raquel, e, além disso, a venda dos pães constitui-se aos poucos em uma rede solidária em que as pessoas que compram e consomem fazem parte de um círculo de conhecidos. É uma economia solidária que não se volta exclusivamente para o lucro, mas que se importa com a rede que vai se estabelecendo, porque essa rede já existia, mas também se amplia.

> *Para comercializar além dos amigos, meus filhos colocam nos grupos de WhatsApp que eles têm, e assim vender melhor. Na verdade, toda a família acaba ajudando para que a venda aconteça* (Raquel Luciana dos Santos, 2023).

Podemos perceber que a rede solidária se estende para além dos conhecidos e familiares, fazendo com que mais pessoas possam ter acesso ao pão caseiro, que é fruto de uma economia solidária ancorada na agroecologia.

Considerações finais

Durante a elaboração deste texto, as memórias de três gerações foram aparecendo: a da minha avó, a da minha mãe – a partir da sua sabedoria de como sustentar a família e os saberes com a produção dos pães – e minha própria, a partir da inclusão dentro desta rede, não como produtora dos pães, mas como um elo no processo da venda, por exemplo, colocando no meu *status* propagandas-relâmpago sobre os saborosos pães de mamãe, e também sobre as entregas que faço dos pedidos de pães nas casas das pessoas.

Referências

KILOMBA, G. **Memórias da plantação:** episódios de racismo cotidiano. Trad. Jess Oliveira. Rio de Janeiro: Cobogó, 2019.

SOUZA, M. R. de. **Impacto da fermentação natural na panificação**. Monografia (Graduação em Gastronomia) – Universidade Federal da Paraíba, João Pessoa, 2020.

SILVA, A. N.; FRÍSCIO, F. C. A química do pão de fermentação natural e as transformações na nossa relação com o preparo desse alimento. **Quím. nova esc.**, São Paulo, v. 43, n. 3, p. 232-243, 2021.

DO SOLO À MESA: O IMPACTO DOS ALIMENTOS ORGÂNICOS NA SAÚDE E NO CLIMA

Andréia Avelina da Silva
Lisanil da Conceição Patrocínio Pereira

Introdução

Os alimentos provenientes da agricultura orgânica desempenham um papel crucial na promoção da saúde humana e na preservação ambiental, especialmente diante dos desafios das mudanças climáticas. Esse método de produção agrícola adota práticas que excluem o emprego de pesticidas sintéticos e fertilizantes químicos, priorizando abordagens mais naturais e ecologicamente sustentáveis (Santos *et al.*, 2014).

Mariani e Henkes (2014) destacam que, além de proporcionar benefícios à saúde dos consumidores ao reduzir a exposição a resíduos químicos, os alimentos orgânicos desempenham um papel na mitigação das mudanças climáticas. Isso ocorre porque a agricultura orgânica geralmente resulta em emissões reduzidas de gases de efeito estufa.

Assim, a escolha por alimentos orgânicos não apenas fortalece a saúde, mas também contribui para a preservação do meio ambiente, tornando-se uma opção sustentável diante dos desafios climáticos globais. Nos últimos anos, o interesse crescente pela sustentabilidade ambiental e pela promoção de estilos de vida saudáveis tem colocado os alimentos orgânicos no centro das discussões sobre a relação entre o que cultivamos e consumimos e seus impactos no meio ambiente e na saúde humana (Roos; Becker, 2012).

À medida que a sociedade se torna cada vez mais consciente dos efeitos negativos da agricultura convencional, marcada pelo uso intensivo de produtos químicos e métodos não sustentáveis, os alimentos orgânicos surgem como uma alternativa promissora. Estes não apenas oferecem uma abordagem mais natural e amiga do meio ambiente na produção agrícola, mas também promovem a saúde dos consumidores ao reduzir a exposição a resíduos químicos presentes nos alimentos.

A crescente conscientização sobre os impactos adversos da agricultura convencional, caracterizada pelo uso intensivo de pesticidas e fertilizantes químicos, tem levado muitos consumidores a repensarem suas escolhas alimentares. Os alimentos orgânicos, cultivados em conformidade com práticas agrícolas sustentáveis, ganham destaque nesse cenário, oferecendo uma alternativa que não apenas preserva a integridade do solo, mas também promove a biodiversidade e reduz os riscos associados à ingestão de resíduos químicos (Da Silva *et al.*, 2013).

Além dos benefícios para a saúde individual, a adoção de alimentos orgânicos também está intrinsecamente ligada à resiliência climática. A agricultura orgânica, ao favorecer métodos que evitam o uso de combustíveis fósseis e práticas que resultam em menor emissão de gases de efeito estufa, emerge como uma ferramenta valiosa na busca por soluções para os desafios das mudanças climáticas. Nesse contexto, exploraremos como as escolhas alimentares conscientes podem se tornar um ato concreto de combate às crises ambientais que assolam nosso planeta.

A análise do ciclo de vida dos alimentos orgânicos nos leva a refletir sobre o caminho percorrido, desde a semeadura até o momento em que esses produtos chegam às nossas mesas. A transição para práticas agrícolas orgânicas não apenas implica uma mudança nas técnicas de cultivo, mas também exerce influência sobre a cadeia de suprimentos, promovendo uma abordagem holística e integrada à produção de alimentos. Este artigo explora como essa abordagem, ao considerar cada etapa do processo, contribui para a construção de sistemas alimentares mais sustentáveis e resilientes.

A agricultura orgânica é um sistema de produção agrícola que se destaca pela sua abordagem sustentável, procurando equilibrar a produção de alimentos com a preservação do meio ambiente. Autores como Bonito (2008) destacam que práticas como rotação de culturas, uso mínimo de fertilizantes químicos e a proibição de pesticidas sintéticos são características fundamentais desse modelo, visando a manutenção da biodiversidade e a saúde do solo.

O conceito de consumo consciente, explorado por Sachs (2017), oferece uma perspectiva valiosa para compreender as motivações por trás das escolhas alimentares, especialmente no contexto dos alimentos orgânicos. Fatores como a preocupação com o meio ambiente, a saúde pessoal e a ética desempenham um papel crucial nas decisões dos consumidores, influenciando positivamente a demanda por produtos orgânicos.

A distinção entre alimentos cultivados com agrotóxicos (Figura 1) e alimentos orgânicos é evidente em diversos aspectos que transcendem a mera presença ou ausência de substâncias químicas sintéticas. Enquanto os alimentos convencionais frequentemente são produzidos com o uso intensivo de pesticidas e fertilizantes químicos, os alimentos orgânicos baseiam-se em práticas agrícolas sustentáveis, evitando o emprego desses produtos. Essa diferença substancial não apenas impacta a saúde dos consumidores, reduzindo a exposição a resíduos químicos, mas também se estende aos efeitos ambientais, influenciando a qualidade do solo, a biodiversidade e a pegada de carbono. Os alimentos orgânicos, ao priorizarem métodos mais naturais, buscam oferecer não apenas uma alternativa mais saudável para os indivíduos, mas também uma abordagem mais holística e ecologicamente sustentável para a produção de alimentos em escala global (Vasconcelos, 2018).

Nesse contexto, este artigo se propõe a explorar as diversas dimensões dessa relação simbiótica entre escolhas alimentares conscientes, saúde e sustentabilidade ambiental. Ao mergulharmos na análise do ciclo de vida dos alimentos orgânicos, desde o solo onde são cultivados até a mesa onde são servidos, buscamos compreender não apenas os benefícios imediatos para a saúde individual, mas também o impacto significativo que essas escolhas podem ter na saúde do nosso planeta.

A interseção entre a saúde humana e a preservação do meio ambiente ganha, assim, uma importância crucial. Este artigo não apenas explora as contribuições dos alimentos orgânicos na redução da pegada ambiental, mas também analisa como essas práticas podem moldar o futuro da produção alimentar, proporcionando uma visão holística e integrada para enfrentar os desafios globais. Buscamos oferecer insights valiosos sobre como as escolhas alimentares conscientes podem se tornar uma ferramenta tangível na construção de um futuro mais saudável e sustentável para todos.

Figura 1 – Alimentos com agrotóxicos proibidos ou acima do limite testados em 2017 e 2018

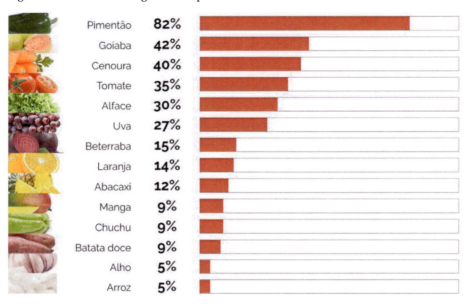

Fonte: Programa de Análise de Resíduos de Agrotóxicos em Alimentos (PARA)/Anvisa

Metodologia

Segundo Paiva (2016), a revisão integrativa de literatura é uma abordagem metodológica que se destaca pela sua capacidade de sintetizar e integrar conhecimentos de estudos diversos sobre um tema específico. Para iniciar o processo, realizamos uma ampla busca bibliográfica em bases de dados como PubMed, Scopus e Google Scholar, utilizando termos-chave relacionados ao tema em questão, como *alimentos orgânicos*, *agricultura sustentável* e *impactos na saúde e meio ambiente*. Essa busca criteriosa permitiu a identificação de uma variedade de estudos que abordam diferentes facetas da relação entre alimentos orgânicos, saúde humana e sustentabilidade ambiental.

Posteriormente, realizamos a seleção dos artigos com base em critérios específicos de inclusão, como relevância para o tema, ano de publicação e metodologia utilizada. Durante essa fase, foram excluídos estudos duplicados e aqueles que não atendiam aos critérios predefinidos. A seleção criteriosa resultou em uma amostra representativa de pesquisas que servirão como base para a análise integrativa.

Por fim, a síntese integrativa dos dados permitirá a construção de um panorama consolidado sobre o impacto dos alimentos orgânicos na saúde e no meio ambiente. Essa abordagem metodológica proporciona uma visão abrangente e aprofundada, facilitando a compreensão das relações complexas entre os diferentes aspectos envolvidos nesse tema multidisciplinar (Souza, 2010).

Resultados e discussão

A revisão integrativa de literatura revelou uma convergência de evidências que sustentam o impacto positivo dos alimentos orgânicos na saúde humana e na mitigação das mudanças climáticas, abrangendo o ciclo completo, desde a produção no solo até a mesa do consumidor. A revisão também enfatizou a importância do consumo de alimentos orgânicos na redução de alergênicos e resíduos de agrotóxicos, sugerindo que essa prática pode ser uma estratégia eficaz para promover uma alimentação mais segura e nutritiva.

No que diz respeito ao impacto ambiental, a revisão identificou que a agricultura orgânica, por adotar práticas sustentáveis, como a rotação de culturas e a gestão orgânica do solo, contribui para a redução das emissões de gases de efeito estufa e preservação da biodiversidade.

Em suma, os resultados desta revisão integrativa indicam que os alimentos orgânicos desempenham um papel significativo tanto na promoção da saúde humana quanto na sustentabilidade ambiental. Este panorama consolidado não apenas fortalece a base de evidências existente, mas também destaca a necessidade de uma abordagem multidisciplinar e colaborativa para enfrentar os desafios globais relacionados à alimentação e ao clima.

Considerações finais

Ao explorar a vasta gama de estudos na revisão integrativa sobre o impacto dos alimentos orgânicos no binômio saúde e clima, emergem conclusões sólidas que respaldam a importância desta abordagem na construção de sistemas alimentares mais saudáveis e sustentáveis. A convergência de evidências sobre a redução da exposição a resíduos químicos, o aumento da qualidade nutricional e a contribuição para a mitigação das mudanças climáticas reforçam o potencial significativo dos alimentos orgânicos na transformação positiva dos hábitos alimentares individuais e na promoção da resiliência ambiental.

A consideração dos benefícios intrínsecos dos alimentos orgânicos deve, no entanto, ser acompanhada pela compreensão de desafios e complexidades. A revisão destaca a necessidade de uma padronização mais consistente das definições e regulamentações de alimentos orgânicos, bem como a importância de abordagens mais inclusivas que considerem as variáveis socioeconômicas inerentes à produção e consumo desses alimentos. Essas considerações são cruciais para garantir que os benefícios dos alimentos orgânicos se estendam a todas as comunidades e regiões.

A pesquisa identificou, igualmente, lacunas no conhecimento que indicam a necessidade de estudos mais aprofundados e longitudinais. A compreensão das implicações a longo prazo dos alimentos orgânicos na saúde humana e no meio ambiente, assim como a análise das dinâmicas de mercado e acesso, merece atenção adicional para informar de maneira mais abrangente as políticas públicas e práticas agrícolas.

Em última análise, a revisão integrativa destaca que a escolha por alimentos orgânicos representa mais do que uma preferência pessoal; é uma estratégia consciente para melhorar a saúde individual, contribuir para a preservação ambiental e moldar um futuro alimentar sustentável. Esta consideração final enfatiza a necessidade de promover uma compreensão holística e integrada dos alimentos orgânicos, estimulando ações coletivas em direção a uma alimentação mais saudável e a um ambiente mais equilibrado.

Referências

BADGLEY, C. *et al*. Agricultura orgânica e o abastecimento global de alimentos. **Agricultura renovável e sistemas alimentares**, v. 22, n. 2, p. 86-108, 2007.

BARAŃSKI, M. *et al*. Efeitos do consumo de alimentos orgânicos na saúde humana; O júri ainda está ausente!. **Pesquisa em alimentação e nutrição**, v. 1, p. 1287333, 2017.

BONITO, J. Sustentabilidade agrícola: conceitos, princípios e evidências. **Transações Filosóficas da Royal Society B: Ciências Biológicas**, v. 1491, p. 447-465, 2008.

DA SILVA, R. F. *et al*. 14504-Relatos de experiências do projeto: orgânicos, sabor sem veneno. **Cadernos de Agroecologia**, v. 8, n. 2, 2013.

MARIANI, C. M.; HENKES, J. A. Agricultura orgânica x agricultura convencional soluções para minimizar o uso de insumos industrializados. **Revista Gestão & Sustentabilidade Ambiental**, v. 3, n. 2, p. 315-338, 2014.

PAIVA, M. R. F. *et al.* Metodologias ativas de ensino-aprendizagem: revisão integrativa. **SANARE-Revista de Políticas Públicas**, v. 15, n. 2, 2016.

PONÍSIO, L. C.; GAIARSA, M. P.; KREMEN, C. O apego oportunista monta redes planta-polinizadores. **Cartas de Ecologia**, v. 20, n. 10, p. 1261-1272, 2017.

REGANOLD, J. P.; WACHTER, J. M. Agricultura orgânica no século XXI. **Plantas da natureza**, v. 2, n. 2, p. 1-8, 2016.

ROOS, A.; BECKER, E. L. S. Educação ambiental e sustentabilidade. **Revista Eletrônica em Gestão, Educação e Tecnologia Ambiental**, p. 857-866, 2012.

SACHS, L. A. **Comportamento de consumo consciente de alimentos**: um estudo com jovens universitários na cidade do Natal/RN. 2017. Universidade Federal do Rio Grande do Norte, Natal, RN, 2017.

SANTOS, F. dos *et al.* Avaliação da inserção de alimentos orgânicos provenientes da agricultura familiar na alimentação escolar, em municípios dos territórios rurais do Rio Grande do Sul, Brasil. **Ciência & Saúde Coletiva**, v. 19, p. 1429-1436, 2014.

SOUZA, M. T. de; SILVA, M. D. da; CARVALHO, R. de. Revisão integrativa: o que é e como fazer. **Einstein**, São Paulo, v. 8, p. 102-106, 2010.

VASCONCELOS, Y. Agrotóxicos na berlinda. **Pesquisa FAPESP**, São Paulo, v. 19, 2018.

QUINTAL PRODUTIVO: MEMÓRIA AFETIVA DE UMA CUIABANA AFRODESCENDENTE VILA-BELENSE

Ana Gabriela Almeida Veras
Maria Luiza Costa de Almeida
Odeval Veras de Carvalho
Euzemar Fátima Lopes Siqueira
Lisanil da Conceição Patrocínio Pereira

Introdução

Este trabalho teve como propósito apresentar o relato de experiências de uma cuiabana no cultivo da horta orgânica em seu quintal produtivo, apresentando os benefícios que as plantas medicinais, por meio dos chás caseiros, trazem para a saúde, bem como o cultivo de espécies de plantas ornamentais, exóticas e o consumo de espécies frutíferas.

O quintal produtivo apresenta benefícios que os chás das plantas medicinais trazem para a saúde. Tem como objetivo, principalmente, estudar e identificar espécies de plantas medicinais caseiras, seu uso para diversas enfermidades gastrointestinais, aplicação estimulante, calmante e antidepressiva, bem como apresentar espécies frutíferas, ornamentais e exóticas.

Metodologia

Esta pesquisa desenvolveu-se a partir dos relatos das experiências vivenciadas pela participante durante entrevistas de forma presencial, gravação de podcast, registros de fotos, imagens, depoimentos relatando sua trajetória de vida, identidade e origens.

A metodologia utilizada foi a história oral com relatos de experiências e vivências, baseadas no método histórico-crítico-dialético.

Para fundamentar nossos estudos, buscamos, além dos relatos, informações e conhecimentos em obras que explicam o significado dos estudos da história oral, da memória afetiva, dos saberes tradicionais e identidades.

Resultados e discussão

As memórias afetivas surgem sempre quando pessoas se deparam com algo que faz este resgate de lembranças significativas, no passado, na infância e adolescência, fatos marcantes que estão ligados à sua identidade e lugar de vivência. Outras coisas responsáveis por trazer essas recordações à tona podem ser ambientes, cores, cheiros, acontecimentos, brincadeiras e viagens.

> [...] enquanto portadoras de uma "alma", de um "espírito", as coisas não existem isoladamente, como se fossem entidades autônomas; elas existem efetivamente como parte de uma vasta e complexa rede de relações sociais e cósmicas, nas quais desempenham funções mediadoras fundamentais entre a natureza e cultura, deuses e seres humanos, mortos e vivos, passado e presente, cosmos e sociedade, corpo e alma, etc. (Mauss, 2003, p. 200).

Além disso, é importante frisar que no Brasil tem forte miscigenação e cada povo tem sua cultura e costume. As comunidades afrodescendentes são exemplos disso, também não só valores imateriais, mas materiais como as plantas e especiarias, muitas vezes cultivadas e consumidas por povos tradicionais.

Importante destacar as ideias de Pereira (2020), em seu artigo sobre a participação e protagonismo das mulheres no território da cidadania da Baixada Cuiabana, em que mostra a luta, a resistência e resiliência no trabalho cotidiano. Aqui fazemos uma analogia com os relatos apresentados.

> Assim também são as mulheres da Baixada Cuiabana. Agricultoras, rendeiras, catadoras, farinheiras, pescadoras, professoras, domésticas, donas de casa, artesãs, costureiras, doceiras. Essas mulheres contribuem na economia familiar. São exemplos de resistência dentro de suas comunidades ao assumirem responsabilidades como a educação, geração de renda em cooperativas ou na agricultura familiar. De

igual forma, se expressa no respeito e preocupação com a sustentabilidade, com os espaços de liderança em sindicatos, associações, grupos religiosos. Essas mulheres rompem com os padrões que a sociedade patriarcal insiste e lhe impor como reprodutoras, "bela, recatada e do lar" (Pereira, 2020, p. 57).

Considerações finais

Renilza Mendes de Almeida, nascida em 5/9/1971, de origem cuiabana com descendência paterna afrobrasileira e materna pantaneira. Seu pai, Juvêncio Frazão, nasceu em Vila Bela de Santíssima Trindade e a sua mãe, Lelite Pires da Silva, nasceu em Nossa Senhora do Livramento, na Baixada Cuiabana e entrada para o Pantanal Mato-Grossense.

Renilza é casada e tem duas filhas, ambas nascidas em Cuiabá, e seu marido é de outro estado brasileiro. O seu interesse pela jardinagem começou quando ela se mudou do apartamento junto com a sua família para uma casa no Residencial Maria de Lourdes, no bairro Recanto dos Pássaros, em Cuiabá. Ela diz que foi uma imensa alegria, ela ficou extasiada, pois seu sonho era ter uma casa própria.

<u>Em suas palavras:</u>

Foi despertando meu interesse por conta do meu quintal, assim que mudamos para a casa nova adquirida (Programa Minha Casa, Minha Vida), casa bem modesta, mas muito empenhada porque morávamos em um apartamento muito pequeno. Era um sonho ter casa própria. No início da chegada, fiquei em dúvida de como aproveitar o quintal pequeno com aproximadamente 37 m², e, assim, comecei plantando cebolinha, sem planejar a construção de uma horta.

Com o tempo plantei várias espécies medicinais, ornamentais e frutíferas. Sendo as medicinais: babosa, boldo, capim-cidreira, hortelã, coentro-castelo, melissa, erva-de-santa-maria, guiné e terramicina. As frutíferas foram a ata e o mamão. As espécies ornamentais foram o coqueirinho e uma samambaia. As espécies exóticas a rosa do deserto e a zamioculcas (araccae) de origem africana. Como também duas espécies nativas plantadas e cultivadas: as orquídeas, que todo ano dão flores, e a pata de vaca que foi plantada em frente da casa, que substituiu uma espécie de ipê que cresceu muito sem dar flores.

Caracterização da área de estudo

Localiza-se na rua Albatroz, n.º 33, bairro Recanto dos Pássaros, em Cuiabá, Mato Grosso, região Leste, rica em biodiversidade da flora e fauna, nascentes que se encontram comprometidas pelo avanço imobiliário com condomínios horizontais de luxo. Limita-se com o bairro Jardim Imperial, cortada pela Avenida das Torres, sentido Sul aos bairros Osmar Cabral, Pedra 90 e o Distrito Industrial, saída pela BR-163.

Figura 1 – Croqui da Casa do Quintal Produtivo

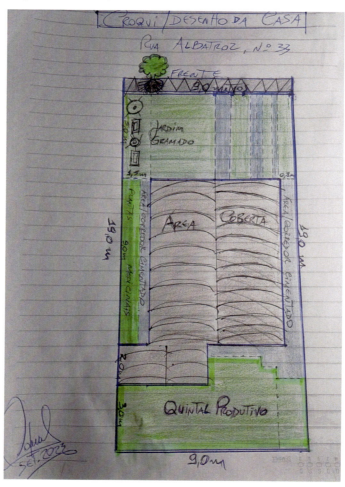

Fonte: acervo – Ana Gabriela Almeida Veras (2023)

TERRITÓRIO, CULTURA E IDENTIDADE: AMIGOS DO CLIMA

Figura 2 – Quintal produtivo. Espécies de plantas medicinais, frutíferas, nativas, ornamentais e exóticas

Fonte: acervo – Ana Gabriela Almeida Veras (2023)

Memórias afetivas

Ao ver seu jardim repleto de plantas, lembra de sua infância, e que no quintal dos seus pais tinha tudo isso e muito mais, no bairro Boa Esperança. Além de ser enorme aquele quintal, tinha várias espécies de plantas e árvores, como a bananeira, a goiabeira, o cajueiro e uma variedade de plantas medicinais.

Renilza fala que ao comer as frutas e tomar **o chá da sua própria horta recorda daqueles** tempos e sente saudades de quando seus pais acordavam bem cedo para regar as plantas, colher as folhas para fazer o chá matinal. A partir dali, começavam a conversar e memorizar a rotina dos seus antepassados.

Em suas palavras:

O meu pai, Seu Frazão, vila-belense, viveu com muita dificuldade para criar seus 15 filhos, três filhos da primeira esposa, e doze filhos da segunda esposa, que foi Dona Lelite. Da infância até a idade adulta viveu em Vila Bela, depois Porto Espiridião, Cáceres, por último chegando até Cuiabá, no bairro Boa Esperança, antiga Vila Ipase, em frente da Universidade Federal de Mato Grosso (UFMT). Foi servidor público da Empresa Brasileira dos Correios, na função de guarda-fios, tinha um salário muito baixo, como ele não tinha casa onde morar, vivia de um lugar para o outro, sua chefe lhe ofereceu uma casa nesta Vila, mas alertou: "Seu Frazão é muito longe". Ele nem pensou, aceitou, foi na época em que a Universidade Federal estava sendo construída.

*A minha **mãe**, Dona Lelite, tem origem na cidade de Nossa Senhora do Livramento e quando bebê foi para Poconé, seus pais eram pantaneiros. A mãe dela ficou doente e mandou ela passar uns tempos em Cáceres na casa do seu tio, a partir daí que meu pai conheceu minha mãe. Ela uma pessoa simples, lavava roupa para sobrevivência, os dois decidiram morar em Cuiabá para dar uma melhor vida aos seus filhos, para incentivá-los a estudar e fazer universidade.*

O que melhor retrata minha mãe é o trabalho do dia a dia, mulher de poucas palavras, rígida, acordava muito cedo, fazia suas tarefas domésticas com zelo, regava suas plantinhas, cuidava e cultivava várias espécies de plantas medicinais, herança de sua origem indígena pantaneira.

Entre as plantas cultivadas está o:quebra-pedra, erva-cidreira, gerbom, caninha-do-brejo, boldo, guiné, erva-de-santa maria e terramicina, entre outras, que a memória esquece.

Considerações finais

Esta pesquisa nos motivou a rememorar a história de vida de Renilza, da luta, resistência e resiliência do seu pai e sua mãe, que resistiram como seus antepassados. Olhamos para nossas famílias hoje, a mãe como mulher que lutou, não com as mesmas dificuldades, más com a herança e o legado que eles deixaram, por ser uma mulher negra que tem poucas oportunidades. Precisamos aprender a ler, escrever e ter um olhar crítico, para conseguir fazer uma leitura de mundo, de sociedade e de pessoas.

Paulo Freire, em sua obra *Pedagogia do oprimido*, nos apresenta caminhos para uma pedagogia libertadora em busca da construção ensino-aprendizagem, relação dialógica humanista com base na empatia, a importância da alfabetização, do saber fazer, do ler para o empoderamento da classe trabalhadora, do exercício da leitura de mundo do oprimido no seu contexto de luta contra os opressores.

> O método Paulo Freire não ensina a repetir palavras, não se restringe a desenvolver a capacidade de pensá-las segundo as exigências lógicas do discurso abstrato; simplesmente coloca o alfabetizando em condições de poder re-existenciar criticamente as palavras de seu mundo, para, na oportunidade devida, saber e poder dizer a sua palavra. Eis porque, em uma cultura letrada, aprende a ler e escrever, mas a intenção última com que o faz, vai além da alfabetização. Atravessa e anima toda a empresa educativa, que não é senão aprendizagem permanente desse esforço de totalização – jamais acabada – através do qual o homem tenta abraçar-se inteiramente na plenitude de sua forma (Freire, 1987, p. 8).

Esperamos estar contribuindo e difundindo os saberes, os sabores de conhecimentos populares ancestrais e, principalmente, valores, costumes e identidade da cultura dos povos afrobrasileiros e indígenas, neste caso, saberes encentrais da pessoa pesquisada de origem paterna da cidade de Vila Bela da Santíssima Trindade e de origem materna de Nossa Senhora do Livramento, em Mato Grosso, como legado para as novas gerações que convivem hoje sob o império do consumismo.

Referências

BRANDÃO, C. R. **Pesquisa participante**. São Paulo: Brasiliense, 1981.

FREIRE, P. **Pedagogia do oprimido**. 17. ed. Rio de Janeiro: Paz e Terra, 1987.

MINAYO, M. C. de S. (org.). **Pesquisa social**: Teoria, método e criatividade. 13. ed. Petrópolis: Vozes, 2010.

MAUSS, M. "Ensaio sobre a dádiva". *In:* MAUSS, M. **Sociologia e antropologia**. São Paulo: Cosac Naify, 2003.

PEREIRA, L. da C. P. (org.). **Conhecimento, desafios, conflitos e percursos na Amazônia mato-grossense**: memórias de uma militante acadêmica. Curitiba: CRV, 2020.

9

PRÁTICAS AGROECOLÓGICAS EM QUINTAIS URBANOS DE JUARA-MT: O CULTIVO DO COCO VERDE

Érica Lopes da Silva
Emanuelle Lopes Perez
Ronélia do Nascimento

Introdução

Os espaços da maioria dos quintais urbanos de Juara-MT praticam há vários anos o plantio de coco verde. Como não tem muita comercialização, o consumo dessa fruta vem de espaços privados, de uso particular.

Nosso quintal é uma unidade de paisagem onde ocorre um elevado número de espécies e as interações estabelecidas com os respectivos idealizadores satisfazem necessidades econômicas, sociais e culturais específicas dos moradores.

Os quintais são espaços de fácil acesso para os moradores cultivarem uma diversidade de espécies e funções, como estética, lazer, alimentação e medicinal. Interessante observar que em todas as regiões do mundo ocorre o sistema agroflorestal denominado de quintal, com suas variantes em cada região ou país, sendo muito semelhantes na sua estrutura e função.

Segundo Amorozo (2002), o quintal se refere ao espaço do terreno situado ao redor da casa regularmente manejado, onde são cultivadas plantas e também são criados animais domésticos de pequeno porte. Uma alta diversidade de espécies é cultivada nos quintais urbanos, periurbanos e agroflorestais, com múltiplas finalidades de uso artesanal, ornamental, paisagístico, além de proporcionar melhoria do microclima (sombra), fonte de fibra, uso mágico e, notadamente, plantas de uso alimentar e medicinal.

O plantio do coco verde faz parte da agricultura urbana, apesar de na zona rural também estar presente. A maioria é plantada próximo das casas, dando sombra, frutos e múltiplos usos.

Dependendo do manejo, permite a conservação do solo, pode trazer segurança alimentar e nutricional, pela produção de subsistência menos onerosa do que a aquisição em mercados, representando maior oferta de hidratação nesses últimos anos devido ao calor. O plantio do coco verde permite também a conservação de saberes e práticas culturais expressas em formas de manejo e sistema de cultivo.

O coco verde, cuidados e benefícios

O cultivo de espécies vegetais e árvores frutíferas em quintais auxilia na complementação da dieta, gerando maior segurança alimentar, pois oferece alimentos seguros e de fácil acesso em quantidade e qualidade.

Os quintais urbanos em Juara representam um tipo de estratégia de sobrevivência e de resistência dos moradores urbanos pobres. A manutenção de hortas caseiras e plantas frutíferas ajuda os moradores a sobreviver em uma cidade mais urbanizada, fornecendo alimentos diretamente dos quintais ou via trocas com vizinhos e parentes. Os vínculos sociais baseados na economia informal de trocas de mercadorias, experiências e espécies vegetais são fortalecidos.

A maioria dos quintais urbanos podem ser considerados como sistemas agroflorestais que desempenham função ecológica, conservam alta diversidade de plantas na sua composição, asseguram variabilidade genética, representando

sistemas sustentáveis com maior resistência a doenças, pragas e adaptabilidade.

As atividades de produção agrícola, originalmente praticadas, são modeladas em várias residências da cidade, construindo um mosaico agrícola urbano. É perceptível a diversidade nos quintais relacionada às características específicas de tamanho e forma do local, características socioeconômicas e de acesso a material de plantio, como a disponibilidade de sementes e mudas. Uma plantação que é bem notável é a do coco verde, como também diversas frutas, hortaliças, tubérculos e plantas medicinais.

As espécies de plantações estão dispostas em diferentes estratos nos quintais e cada nível do estrato vegetal parece estar preenchido de espécies com funções de modo a compor a paisagem ou da utilidade das espécies pelos moradores. Dessa forma, cada quintal é um produto da percepção da arquitetura paisagística daquele que o maneja, associado ao espaço disponível para o cultivo.

Vamos nos atentar ao cultivo do coco verde, que é uma das frutas apreciada pela população brasileira, sendo possível encontrá-lo na zona rural e urbana. Seu cultivar requer solo adequado, mais arenoso e menos argila e com profundidade, é possível produzir até 200 frutos por ano. Sua produtividade inicia-se a partir do terceiro ano, porém após os cinco anos sua produção é satisfatória.

O solo deve ser drenado, rico em matéria orgânica, com lençol freático entre 1 e 4 metros de profundidade, arado, é preciso cada muda da outra ter distância de um metro quadrado. Deve-se proceder um corte nos frutos com um facão na região próxima do local onde o fruto se prende ao cacho, o corte dado à entrada de água deve ser voltado para cima e coberto com solo até 2/3 da altura da semente.

A irrigação das mudas é muito importante e deve ser realizada pela manhã e final da tarde, na quantidade de 6 a 7 litros de água por metro quadrado. Adubação com sal precisa ser feita com um mês das mudas plantadas, com 200 gramas por planta, o sódio em excesso pode ser tóxico ao coqueiro.

Existe ainda uma indicação de aplicar sal no olho do coqueiro exercendo algum efeito de repelente às pragas, a época ideal é o período de início das chuvas, as mudas para o plantio devem estar com idade de aproximadamente quatro a seis meses, com três a quatro folhas em média.

Se for plantar mais de uma muda, as covas devem ter dimensão de 80 cm em todos os sentidos e ser preparadas um mês antes do plantio. A produtividade do coqueiro depende dos tratos que são dados durante o ciclo de vida da planta, os mais usados são coroamento, roçagem, cobertura morta no verão, limpeza das plantas, eliminando as folhas velhas e secas e controle de pragas e doenças.

A colheita do coco seco é efetuada normalmente quando os frutos estão maduros, isso ocorre 11 meses depois da floração, no caso do coco verde, a mesma deve ocorrer do sexto ao oitavo mês de desenvolvimento do fruto. Nessa idade, os frutos apresentam-se de forma arredondada e maior conteúdo de água.

O coqueiro tem um ciclo de vida longo podendo produzir até 50 anos de idade, dependendo dos tratos durante a sua vida, estar regando no período de estiagem a cada três dias, adubar com restos de alimentos como cascas de ovos, frutas e legumes, serragem, restos de folhas e até esterco de gado. Não devem ser utilizados restos de comidas cozidas (como arroz, legumes, carne, etc.) para evitar mau cheiro e a fermentação. É preciso ficar atento: quando o coco cair ainda pequeno, significa que um fungo atacou o fruto ou até mesmo o cacho. Essa queda ocorre no início da produção da planta, ou quando há ocorrência de pragas, principalmente ácaros.

Ter essa planta no quintal com boa produção (Figura 1) traz vários benefícios, o consumo da água do coco natural é eficiente para a hidratação para o nosso organismo, repondo minerais. Ajuda a eliminar toxinas que aceleram o envelhecimento da pele, deixando-a mais saudável, tem propriedades diuréticas, ajuda a equilibrar os níveis de colesterol, reduzindo o excesso de gordura presente no sangue. É recomendada para pessoas que sofrem com cãibras por conter cálcio e é muito usada por atletas para diminuir as câimbras e relaxar os músculos.

Figura 1 – Coco verde no quintal

Fonte: Ronélia do Nascimento (2023)

A água de coco também fortalece o sistema imunológico por ter vitamina C, previne doenças, melhora a digestão e evita refluxo. Reduz inflamações no corpo, ajuda a perder peso por saciar a fome e ter baixas calorias. A água do coco é nutricional, combate as irritações no estômago e intestino, inflamações nos olhos, vômito durante a gravidez e é também um ótimo diurético.

Além da água, podemos consumir a polpa que é uma fonte de energia, sendo consumida em pedaços ou ralada para usar em alimentos como bolo, canjica e outras. Além de servir como alimento, serve como fonte de hidratação do corpo.

O leite de coco incrementa uma grande variedade de pratos doces e salgados, *shakes* e *drinks* alcoólicos, e pode ser usado substituindo o leite de vaca em várias receitas.

O óleo de coco é um hidratante para os cabelos e pele, além da sua ingestão, pode ser passado no cabelo antes de dormir, o que resulta em fios com mais brilho e menor queda. Também é usado para cozinhar, porque não vira gordura transgênica como o óleo de soja, milho, girassol e canela. O óleo de coco acelera o metabolismo, favorecendo a queima de gordura. É usado por quem faz exercícios em academia para dar maior disposição, acelerando o metabolismo e diminuindo a fome; misturado no café, estimula energia para o desempenho de força.

A fibra é aproveitada para substituição de xaxim, adubo orgânico para áreas degradadas. Age como alimento para o intestino, fazendo uso diário de duas colheres do chá da fibra ao dia, misturada com bebidas, sopas, sorvete e outros.

A casca serve para usar como carvão, além de contribuir para conservar o solo, ser colocada em covas de plantio de coqueiro para a retenção de umidade. As folhas novas servem para confeccionar produtos trançados, as raízes novas funcionam como fortificante das gengivas, na forma de chá, contra diarreias.

Diversas iniciativas têm como propósito reduzir a má nutrição e ampliar a biodiversidade em espaços de produção de alimentos, hoje localizados também em quintais e hortas urbanas e periurbanas, todos aliados a práticas e saberes de nossos antepassados. Todas essas iniciativas são fundamentais para a preservação da biodiversidade alimentar e cultural como um todo (Becker *et al.*, 2019). O plantio de coqueiros nos quintais na zona urbana contribui para um reflorestamento urbano em áreas degradáveis. Ter essa planta no quintal e a experiência direta na natureza ampliam hábitos saudáveis.

Considerações finais

A urbanização da cidade de Juara-MT, sua localização em meio a córrego, lençol freático raso, são fatores determinantes para a existência de quintais onde se veem os cultivares de coco. A riqueza de tais quintais está além da diversidade de frutas e vegetais cultivados, muitos dos quais não comumente disponíveis nos mercados da região, ocorrendo espontaneamente ou cultivados, pois também expressa a riqueza de saberes sobre seus usos e seu consumo em preparos do dia a dia.

O plantio de coco verde nos quintais permite a manutenção de áreas verdes, como também fonte alimentícia de sua polpa e água. Pudemos compreender que o coqueiro para ser produtivo precisa de cuidados específicos desde o seu plantio, e o consumo da água, polpa e de sua matéria-prima está relacionado mais a fatores socioculturais.

Destacamos a importância da circulação do conhecimento sobre o uso do coco e de sua matéria-prima para que possa expandir-se para outras cidades e em mais quintais de Juara, pois oferece benefícios a nossa saúde e esperamos que se torne cada vez mais acessível o seu consumo.

Assim, consideramos que o cultivo dessa espécie de planta seja contínuo nos quintais. Ainda que cada vez mais esses espaços das casas diminuam de tamanho, esperamos que o coqueiro continue sendo um dos favoritos a ser plantado, valorizado e divulgado.

Referências

AMOROZO, M. C. M. "Agricultura tradicional, espaços de resistência e o prazer de plantar". *In:* ALBUQUERQUE, U. P.; ALVES, A. G. C.; BORGES, A. C. L.; SILVA, V. A. (org.). **Atualidades em etnobiologia e etnoecologia**. Recife: SBEE, 2002. p. 123-131.

BECKER, D. *et al.* **Benefícios da natureza no desenvolvimento de crianças e adolescentes**. Manual de Orientação. Rio de Janeiro: Sociedade Brasileira de Pediatria, 2019.

10

PRODUÇÃO DE HORTALIÇA HIDROPÔNICA NO MUNICÍPIO DE ARIPUANÃ-MT

Greiciane Moreira Alves
Laura Pereira da Silva
Mara Juliane Rudnik
Lisanil da Conceição Patrocínio Pereira

Introdução

A agricultura familiar é uma prática de atividade que é exercida em pequenas áreas rurais, desenvolvida entre famílias, onde os alimentos cultivados por estes agricultores atendem a necessidade de consumo da família e de uma boa parte da população. Visamos uma grande importância do trabalho da agricultura, que vem contribuindo tanto na economia do Brasil quanto na qualidade dos produtos para o consumo.

Caracterização da área de estudo

Aripuanã está localizada a noroeste da capital Cuiabá-MT e é marcada pela presença de povos indígenas, de seringueiros e ribeirinhos. Os grandes ciclos econômicos e a interiorização da região Noroeste contribuíram para o povoamento e para estimular as atividades produtivas; no entanto, a destinação de terras públicas para colonização pública e privada e a fixação dos grandes estabelecimentos rurais foram determinantes para a configuração territorial instável e conflitiva. Os dados sobre as dinâmicas agrárias no estado de Mato Grosso confirmam os problemas nas estruturas social e fundiária (Lima; Rossetto; Dalla-Nora, 2017).

O Município de Aripuanã é proveniente da intervenção do Estado, das estratégias do capital, das organizações sociais rurais, dos projetos de colonização e assentamentos rurais de reforma agrária. Possui graves problemas sociais decorrentes da sobreposição das frentes de expansão e pioneiras na fronteira amazônica norte mato-grossense.

Contudo, a baixa efetividade das políticas ambientais, a falta de gestão adequada das áreas protegidas e o abandono estatal das populações tradicionais e dos agricultores familiares, assentados da reforma agrária e trabalhadores rurais, ajudam a configurar um espaço agrário hostil, favorecem o aliciamento de indivíduos para grupos sociais e até o surgimento de bandos e facções criminosas.

Outro caso que demanda a atuação conjunta e proativa do poder público refere-se ao novo garimpo de Aripuanã. Trata-se de ocupação irregular de uma fazenda privada e a deflagração de conflito agrário envolvendo o proprietário rural e garimpeiros, interessados na exploração de jazida mineral. A realidade agrária e social deve ser vista e enfrentada, de forma global e sistêmica, por meio de estratégias e medidas interinstitucionais e com enfoque coletivo e socioambiental.

Metodologia

Utilizamos o método da entrevista com o roteiro semiestruturado e o levantamento da história oral com a entrevistada, trata-se de uma pesquisa a campo sobre a agricultura familiar, buscando conhecer a rotina e o desenvolvimento de uma produtora de hortaliças. Como procedimento metodológico, foram elaboradas 16 questões, para dar mais liberdade à entrevistada se expressar, com o propósito de saber qual a percepção que ela tem sobre a agricultura.

Quadro 1 – Roteiro da entrevista

Nome: Antonieta Varaschin	
Há quanto tempo mora no município de Aripuanã?	Mais de 30 anos no município, começou o plantio desde 2009 na propriedade.
Quantas pessoas contribuem com o trabalho na horta?	Além dela e o esposo, tem dois funcionários.
Quantas horas a senhora trabalha na horta?	Das 5h da manhã até as 22h, em média.
A senhora sempre trabalhou com agricultura? Se não, qual era o trabalho anterior?	Não. Foi vereadora em 2015, e secretária de Saúde e secretária do Meio Ambiente.
O trabalho com o plantio é a principal fonte de renda da família?	É a principal renda, mas Antonieta é aposentada.

Nome: Antonieta Varaschin	
Que mercado consumidor vocês atendem?	Atende todos os comércios de supermercado do município e a alimentação escolar.
Quais são as hortaliças?	São alface, rúcula, almeirão, agrião, beringela, tomate, hortelã, além dos outros produtos para consumo próprio.
Qual é a média de tempo em que a hortaliça fica pronta para consumo?	Ciclo total fica em torno de 38 a 47 dias.
Quais são os tipos de produtos que vocês cultivam?	Cultivam as hortaliças em geral, mas também beringelas, hortelã, tomates, dentre outros produtos para consumo da família.
Quais são os tipos de nutrientes utilizados para preparar o plantio hidropônico?	A solução nutritiva é composta por nitrogênio, fósforo, potássio, dentre outros, de acordo com cada espécie. Fica armazenada em uma caixa d'água, utiliza-se uma bomba que puxa através dos perfis que retornam para a caixa. De 15 em 15 minutos, das 5h até 21h, todos os dias.
Fazem uso de agrotóxico?	Não.
Quais as dificuldades que vocês enfrentam para o plantio? Existe algum tipo de regra para um bom resultado?	Ultimamente é o calor em excesso, que chega queimar as hortaliças. Para se ter um bom resultado, utiliza-se de irrigação por expressor na parte de cima das estufas.
Em Aripuanã, entre os meses de dezembro e março, os dias ficam bem chuvosos, nesse período já aconteceu de vocês terem algum prejuízo com perda de plantio?	Não.
Sobre forma que vocês trabalham, a senhora pode me citar um ponto positivo para o meio ambiente e um negativo?	Ponto positivo é a diminuição da agressão ao meio ambiente, uma vez que evita a degradação do solo. Não tem nenhum ponto negativo.

Fonte: pesquisa de campo (2023)

Resultados e discussão

A pesquisa a campo foi realizada na zona rural do município de Aripuanã, na estrada do Boião, chácara Recanto Alegre, de propriedade da dona Antonieta Varaschin, seu plantio é hidropônico. Na ocasião foram feitas imagens fotográficas de todas as etapas das hortaliças, por meio de entrevista com roteiro semiestruturado, abordamos questões referentes aos seus dados pessoais e atividades que desenvolvem com o trabalho de plantio hidropônico, como podemos observar a seguir.

Etapa 1: Este processo separa as sementes, que introduz dentro da espuma, depois aperta na máquina manual, totalizando cerca de 340 mudas que são levadas para a próxima estufa.

Figura 1 – Processo de produção 1

Fonte: pesquisa de campo (2023)

Etapa 2: Já na maternidade, as espumas ficam sempre molhadas, primeiro com água sem nenhum produto, até começar a germinação, depois passam a receber nutrientes misturados na água.

Figura 2 – Processo de produção 2

Fonte: pesquisa de campo (2023)

Para que possam germinar, as mudas necessitam de escuridão, por isso o pano preto por cima.

Figura 3 – Processo de produção 3

Fonte: pesquisa de campo (2023)

Tempo em média para germinar: 2 a 3 dias.

Figura 4 – Germinação

Fonte: pesquisa de campo (2023)

Etapa 3. Berçário: Nesta etapa as hortaliças estão se desenvolvendo, por isso é chamada de berçário, onde elas ficam recebendo mais nutrientes. Os sombrites são removidos para que a luz solar possa entrar, como se observa na Figura 5.

Figura 5 – Fase de crescimento

Fonte: pesquisa de campo (2023)

Etapa 4. Planta final: Já nesta etapa as hortaliças estão prontas para serem colhidas, empacotadas e distribuídas nos pontos comerciais.

Figura 6 – Fase de crescimento

Fonte: pesquisa de campo (2023)

Considerações finais

Quando se refere à agricultura, faz se necessário visar a importância que tem para a economia do País. É notório que a agricultura tem crescido cada vez mais no Brasil. Em algumas regiões, vem se destacando com maior intensidade. No estado de Mato Grosso temos grandes referências no agro, como o plantio da soja e algodão. Portanto, o assunto que focamos em nossa pesquisa refere-se à agricultura familiar.

Este trabalho mostrou que as famílias agricultoras desempenham um papel crucial na produção de alimentos saudáveis, na preservação dos recursos naturais e no fortalecimento das comunidades rurais. No entanto, desafios persistem, como acesso a crédito, tecnologia e mercados.

Para promover e valorizar a agricultura familiar, é essencial o apoio governamental por meio de políticas públicas adequadas, programas de capacitação e incentivos econômicos. Investir na agricultura familiar é investir no futuro da nossa alimentação e no desenvolvimento sustentável. Dessa forma não podemos deixar de apontar os impactos ambientais. Mesmo se tratando de um plantio hidropônico em que não se faz o uso de agrotóxicos, temos que apontar os pontos negativos: para o plantio é necessário fazer o desmatamento da área. O homem faz modificações e interfere na natureza, consideramos que para sua sobrevivência é necessário, porém vem causando grandes impactos negativos ao meio ambiente, como a degradação do solo, interferência no clima. Estamos vivendo dias e noites quentes, estações confusas, estes são os resultados e consequências da interferência do homem no meio ambiente.

Referências

LIMA, D. M. D. F.; ROSSETTO, O. C.; DALLA-NORA, G. Os conflitos agrários na Amazônia norte mato-grossense: proteção e degradação socioambiental, resistências e diálogos. **Boletim dataluta**, n. 131, nov. 2018.

11

TERRITÓRIOS E SUAS IDENTIDADES CULTURAIS NAS COMUNIDADES TRADICIONAIS NO MUNICÍPIO DE JANGADA-MT

Marely Silva Almeida
Lisanil da Conceição Patrocínio Pereira

Introdução

Trata-se de um texto elaborado na disciplina PPGGEO Questões socioterritoriais e agricultura familiar, para ser discutido no evento "Semana Nacional de Alimentos Orgânicos" Produtos Orgânicos-Amigo do Clima! III Seminário de Agroecologia e Economia Solidária de Povos Tradicionais e Quilombolas da Baixada Cuiabana, em Santana do Taquaral, município de Santo Antônio do Leverger.

Assim, a pesquisa teve como objetivo geral analisar a importância da cultura popular, demonstrando o valor das manifestações folclóricas e a diversidade cultural, bem como valorizar a cultura das comunidades no âmbito do seu espaço local. Teve como objetivos específicos: promover o reconhecimento, valorização e preservação dessas culturas, garantindo a sua continuidade e respeitando a diversidade cultural; e despertar nos indivíduos a motivação e o interesse sobre a sua própria cultura, a fim de potencializá-los a serem cidadãos mais sensíveis e conscientes da importância da sua origem para preservação de sua história.

A cultura popular envolve tudo que é produzido pelo ser humano e promove sentido à sua existência. Desde bens materiais a imateriais. A cultura popular envolve o campo das ideias, da arte, dança, culinária e música, incluindo os conhecimentos, costumes e hábitos adquiridos pelo ser humano em família. Abrange ainda conjunto de ideias e comportamentos, símbolos e práticas sociais aprendidos e passados de geração em geração, na comunidade, meio em que vive, e no cotidiano. Todo povo tem direito ao seu território e de seguir sua cultura, pois a cultura é o maior patrimônio de uma sociedade, onde resgata a importância do meio rural como um espaço de vida de sua relação com a natureza. Como recortar, descrever e comparar as tradições populares numa perspectiva do tempo contemporâneo?

Conforme o estudo de Cunha (2019, p. 27):

> As pessoas, ao longo da sua vida, estão expostas a diversas dinâmicas, regras, normas, valores e representações. É com e nessa diversidade que os sentimentos de pertença se vão estruturando, adquirindo formas e conteúdo, também eles diversos e dinâmicos.

Acreditamos que a cultura contribui para a transformação da vida das pessoas, no sentido de possibilitar novas oportunidades e escolhas. Atualmente, o maior desafio de todas as culturas é aquele provocado pelos hábitos e valores culturais pela comunicação de massa nos jovens, fato que, na contemporaneidade, se tornou o maior problema dos agentes da cultura popular. A valorização e reconhecimento da cultura local pela sociedade é a solução que vem sendo buscada para que não se percam os vínculos entre a história e o seu povo. O resgate das raízes culturais de uma região poderá despertar no individuo a motivação e o interesse sobre a sua própria cultura, tornando-o um cidadão mais sensível e consciente da importância de suas raízes para preservação de sua história.

O Brasil é um país diverso, por isso é essencial valorizar e respeitar as minorias. Um desses grupos são as comunidades tradicionais e outros povos que compõem a diversidade brasileira. É evidente a necessidade de valorizar as comunidades tradicionais e seus povos, eles são exemplos de respeito, dignidade e de conservação e preservação do meio ambiente.

Essa memória pode ser tomada como elemento para o diálogo intergeracional, valorizando as experiências individuais e coletivas e, principalmente, as lembranças "escondidas", que muitas vezes representam histórias de dominação, verdadeiros "tesouros" na construção e afirmação de identidades. Essas descobertas poderão estimular novas formas de relações e apropriações de novos sentidos e valores.

Van Gogh (2015, p. 133), na sua obra de arte *Os comedores de batata*, nos apresenta um mundo de possibilidades para o camponês que pode comer mais do que batata.

Os agricultores familiares desempenham um papel fundamental na promoção da sustentabilidade. Utilizam métodos de produção voltados para a preservação do meio ambiente, eles valorizam a agricultura orgânica, o uso consciente dos recursos naturais e a diversificação das culturas. Além disso, esses agricultores têm um forte vínculo com a comunidade local, contribuindo para o bem-estar e a segurança alimentar para todos em seu entorno.

Metodologia

A metodologia utilizada neste artigo sobre a cultura de povos de comunidades tradicionais baseou-se em uma pesquisa bibliográfica e na análise de fontes primárias, como relatos de estudiosos e pesquisadores que têm se dedicado ao estudo dessas comunidades.

Além disso, foram realizadas visitas a algumas comunidades tradicionais do município de Jangada, onde foram feitas entrevistas com membros dessas comunidades, a fim de obter informações em primeira mão sobre suas práticas culturais.

É importante ressaltar que a presente pesquisa possui limitações em relação à abrangência geográfica e ao número de comunidades tradicionais estudadas. Devido ao fato de serem aproximadamente 25 comunidades e pelas distâncias, foi necessário selecionar as seguintes comunidades: Mutum Boa Vista, Mutum, Vaquejador, Minhocal, Novo Mato Grosso e Santo Antônio do Barreiro.

A seleção dessas comunidades se deu pelo motivo de existirem grupos constituídos e que estes vêm representando o município e consequentemente todas as demais comunidades. Por meio desses métodos, buscou-se selecionar povos representativos dessas comunidades e contextos culturais, a fim de proporcionar uma visão mais abrangente sobre o tema. Por meio dessa metodologia, espera-se contribuir para a valorização e preservação da cultura dos povos de comunidades tradicionais, bem como promover uma reflexão sobre a importância da diversidade cultural e do respeito às tradições desses povos. Com relação aos resultados, trata-se de uma pesquisa qualitativa.

Resultados e discussão

Os resultados nos mostram um olhar ampliado ao nosso território e respeitando os grupos que integram as nossas raízes. A imagem a seguir

(Figura 1) mostra a explosão de diversidade popular desse povo, a cultura popular das comunidades tradicionais do município de Jangada ainda se mantém viva, as escolas estão trabalhando de forma interdisciplinar as questões relativas sobre a valorização da identidade cultural local.

O grupo cultural Flores do Campo está ganhando espaço no nosso município, os mestres cururueiros são pessoas oriundas das camadas populares e que mantêm viva em seus corações a cantoria do cururu. As festas de santo são uma tradição que é repassada de geração em geração, trazendo consigo a solidariedade e a devoção, as comidas típicas e tradicionais com um sabor natural, em algumas famílias se mantêm firmes e fortes.

Figura 1– Imagens dos moradores das comunidades tradicionais

Fonte: autoria própria (2023)

Irmã Vera sempre dizia,

> Eu tive que passar por um novo processo de aprendizagem, no qual eu contínuo entender a fala do povo. O jeito de falar, os termos que usavam. Aprendi a PEDAGOGIA para trabalhar a partir do que vinha do povo. Que a natureza não seja

usurpada de todos os bens que a natureza tem, mas que nos ajude com o pão de cada dia. Que a água seja um bem para todos. Que tenha também mais mulheres, acreditando no seu poder, na sua capacidade, na grande missão que tem de transformar seu entorno. Que elas possam realizar os sonhos e projetos em família. Que possam ser felizes! ponto final (Gumes; Gondim, 2013, p. 94).

Considerações finais

Este trabalho procurou contextualizar a cultura popular de comunidades tradicionais, que é rica em tradições, costumes e expressões artísticas únicas. É importante valorizar e preservar essas culturas, reconhecendo sua importância para a diversidade cultural e promovendo o respeito e a inclusão dessas comunidades.

Referências

CUNHA, T. Mulheres, identidades e territórios: as experiências e conhecimento delas. *In:* FERREIRA, W. A. A.; GRANDO, B. S; PEREIRA. L. C. P; CUNHA, T. **Mulheres e Identidades** – Epistemologias do Sul – Mulheres, Territórios e Identidades. Curitiba: CVR, 2019. v. 3.

GUMES, Scheilla; GONDIM, Adenor. **Dez mulheres muitas vidas.** Salvador: CEBI, 2013.

VAN GOGH, Vincent. **Cartas a Theo**: biografia de Vincent van Gogh por sua cunhada Jo Van Gogh-Bonger. Porto Alegre: L&PM, 2015.

12

SABER HERDADO: A RELAÇÃO DA AGRICULTURA FAMILIAR NA PRODUÇÃO DO KANJINJIN

Joice Gonçalves dos Santos
Talita Vitória Faustino Rodrigues
Reyller Amaro Andrade
Lisanil da Conceição Patrocínio Pereira

Introdução

Nome do príncipe do Congo e bebida típica de um povo, o kanjinjin segue sendo preparado por famílias tradicionais em Vila Bela da Santíssima Trindade, costume que foi herdado por gerações e continua sendo feito em casa e de forma manual.

Ele tem como base a aguardente de cana-de-açúcar, cravo, canela, erva doce, gengibre, raízes, mel de abelha e "ingredientes secretos", tem um sabor único e atua de forma energética aos que consomem. Muito utilizada pelos soldados do Congo, que durante a festança caminham quase 90 km durante os dias da festa do Glorioso São Benedito, dizem que conseguem esse feito por causa do energético natural. O licor é preparado seguindo um rito, não se pode alterar a preparação. Alguns levam meses e até anos para ficarem prontos.

Para o desenvolvimento deste trabalho, foram realizadas pesquisas em publicações acadêmicas sobre o tema discutido, como também pesquisas *in loco* na comunidade. Durante as visitas ouvimos as vivências, e fizemos as análises nos meios utilizados para o preparo do Kanjinjin.

O KANJINJIN: bebida tradicional brasileira com raízes africanas

O Kanjinjin é uma bebida tradicional brasileira de origem africana. Ela é produzida na cidade de Vila Bela da Santíssima Trindade, a 522,4 quilômetros da capital Cuiabá, que foi fundada em 1752 por bandeirantes paulistas e escravos africanos. "[...] Kanjinjin é uma herança cultural desse povoado centenário, e tem na produção artesanal o seu maior trunfo." (Lima; Xavier; Costa, 2015, p. 565).

O nome "Kanjinjin" é uma homenagem ao príncipe africano Kanjinjin, filho do rei do Congo. Kanjinjin foi trazido ao Brasil como escravo, e se tornou um líder da comunidade africana em Vila Bela. A produção do Kanjinjin é feita de forma artesanal, em pequenas quantidades, por produtores familiares. Os ingredientes são cultivados ou colhidos na própria propriedade, e a produção é realizada seguindo receitas transmitidas de geração em geração. A bebida é realizada a partir de cachaça, mel de abelha, gengibre, cravo, canela, erva-doce e outros ingredientes secretos. Os ingredientes são misturados e macerados por várias horas, e depois a bebida é filtrada e engarrafada.

A relação entre a agricultura familiar e a produção do Kanjinjin é estreita. Os produtores familiares são responsáveis pelo cultivo dos ingredientes da bebida, o que garante a qualidade e a autenticidade do Kanjinjin. No caso do Kanjinjin, a agricultura familiar é essencial para a preservação da bebida. A produção artesanal, feita com ingredientes frescos e cultivados de forma sustentável, é a garantia de que o Kanjinjin continuará a ser uma bebida tradicional e autêntica.

Origem e história

A origem do Kanjinjin remonta ao século XVIII, quando a cidade de Vila Bela da Santíssima Trindade foi fundada. Na época, a cidade era um importante centro comercial e cultural, habitada por pessoas de diferentes origens, incluindo bandeirantes paulistas, escravos africanos e índios. Os escravos africanos trouxeram consigo suas próprias tradições e costumes, incluindo a produção de bebidas alcoólicas. Uma dessas bebidas era o Kanjinjin, que rapidamente ficou popular entre os moradores de Vila Bela, e logo se tornou uma bebida tradicional da cidade. A bebida era consumida em ocasiões especiais, como festas e celebrações, e também era usada como um remédio para a saúde. Em Vila Bela, ela é conhecida como uma bebida afrodisíaca, assim descrevem Lima, Xavier e Costa, (2015, p. 565):

> Vila Bela da Santíssima Trindade se tornou conhecido pela produção do Canjinjin. A origem da bebida se deu nesse povoado e sua produção atual ainda está atrelada àquele povo. Nesse povoado turístico a bebida é vista como energética e afrodisíaca, e alguns ingredientes ainda são um mistério. Na Vila acontece

anualmente a festa do Congo, onde as mulheres dançam o chorado, dança típica africana, e distribuem a bebida, atraindo turistas encantados com a tradição centenária.

Além disso, é linguagem corrente, atualmente, na comunidade e região, que a bebida é o "viagra de Vila Bela".

Ingredientes e produção

O Kanjinjin é uma bebida licorosa, de tonalidade escura, densa, açucarada e de fabricação artesanal por descendentes de escravos, moradores de Vila Bela da Santíssima Trindade. Os ingredientes tradicionais do Kanjinjin, como dito antes, são cachaça, mel de abelha, gengibre, cravo, canela, erva-doce e outros ingredientes "secretos" que podem ser usados na receita, como nó-de-cachorro, pimenta, casca de laranja, casca de limão, folhas de hortelã (Figura 1).

Figura 1 – Ingredientes

Fonte: pesquisa de campo (2023)

Os ingredientes são misturados em um recipiente e macerados por várias horas. Depois, a bebida é filtrada e engarrafada (Figuras 2 e 3) Com relação à cooperativa, ainda com Lima, Xavier e Costa (2015, p. 565), foi mencionado que:

Em 2006, para comemorar 118 anos da abolição da escravatura, a Cooperativa de Vila Bela da Santíssima Trindade (Cooperbela) organizou um espaço para a venda do Canjinjin e de iguarias da região Canjinjin. Antes a bebida era comercializada em feiras de eventos na região, de modo a trazer lucros periódicos às produtoras. A loja serviu para centralizar a venda e fortalecer a obtenção de lucros pela bebida típica.

Figura 2 – Fabricação

Fonte: pesquisa de campo (2023)

Infelizmente a cooperativa não está mais em atividade. E algumas outras produções artesanais surgiram. É possível encontrar até dez rótulos de fabricantes da região. A produção do Kanjinjin é feita de forma artesanal, em pequenas quantidades.

Figura 3 – Kanjinjin engarrafado

Fonte: pesquisa de campo (2023)

O Kanjinjin tem um sabor forte e picante, com notas de gengibre, cravo e canela. A bebida é geralmente consumida pura, mas também pode ser misturada com sucos ou refrigerantes. O Kanjinjin é uma bebida afrodisíaca e digestiva. A bebida também é rica em vitaminas e minerais, como vitamina C, cálcio e ferro.

O Kanjinjin é geralmente consumido em ocasiões especiais, como festas e celebrações. A bebida também é consumida como um aperitivo ou digestivo. O Kanjinjin é considerado um patrimônio cultural da cidade de Vila Bela da Santíssima Trindade. A bebida é uma parte importante da cultura e da história da cidade.

Para esta pesquisa entrevistamos a Dona Germana (Figura 4), que é muito conhecida neste território por fazer esta bebida típica. Procuramos saber como ela aprendeu a fazer o Kanjinjin. Nas palavras da Dona Germana, *"com o meu falecido pai, ele fazia e me ensinou"*.

Figura 4 – Dona Germana

Fonte: pesquisa de campo (2023)

Também perguntamos como era para conseguir os ingredientes décadas atrás? *"As pessoas tinham plantado em casa as coisas, erva-doce, árvore da canela, o gengibre, o mel os homi retiravam no mato mesmo. Mas o cravo da Índia não tinha aqui, ele vinha de barco pelo rio"*. Dona Germana, nossa preocupação foi em torno da aguardente, pois sabemos que Vila Bela é um território distante da capital do estado e de outros centros comerciais. E se havia pessoas que faziam aqui?

> *[...] há relatos que havia sim, pessoas que faziam, mas tinha os homi que buscavam pra fora. Depois dos barcos grandes, veio a era dos carros de boi. O meu kanjinjin, deixo curtir por 6 meses, fechado no quarto. Quando eu for temperar, você vem ver* (Dona Germana).

Patrimônio cultural

O Kanjinjin ganhou visibilidade com o passar dos anos, pelo seu fator energético, e por ser uma bebida passada de geração em geração, produzida em casa e em pequena quantidade. Para valorizar e não cair no esquecimento essa rica bebida que carrega a história de Vila Bela, o governo estadual sancionou, em 25 de julho de 2006, a Lei n.º 8.530, que declara o licor Kanjinjin como bebida símbolo de Vila Bela da Santíssima Trindade e referência de identidade da comunidade afro-brasileira vila-belense.

O Kanjinjin é uma bebida difícil de ser encontrada fora de Vila Bela da Santíssima Trindade. No entanto, é possível encontrar a bebida em alguns restaurantes e lojas especializadas em bebidas artesanais.

O Kanjinjin é uma bebida tradicional que está ameaçada de extinção. A produção da bebida é artesanal e exige um grande esforço de tempo e dedicação. Além disso, a bebida é pouco conhecida fora de Vila Bela da Santíssima Trindade. Para garantir a sobrevivência do Kanjinjin, é importante promover a bebida e aumentar o seu conhecimento. Isso pode ser feito por meio de ações de divulgação, como eventos e *workshops*, e também por meio de ações de apoio aos produtores locais. O Kanjinjin é uma bebida com um grande valor cultural e histórico. É preciso preservá-lo para que continue a ser uma parte importante da cultura brasileira.

A importância da agricultura familiar para a produção do Kanjinjin

A agricultura familiar é importante para a produção do Kanjinjin por diversos motivos. Os agricultores familiares cultivam os ingredientes da bebida de forma artesanal, utilizando técnicas tradicionais que garantem a qualidade e a autenticidade do Kanjinjin. Também existir uma relação entre a agricultura familiar e a produção do Kanjinjin é fundamental para a preservação da bebida. No entanto, essa relação está ameaçada por diversos fatores, como a expansão do agronegócio, a falta de apoio governamental e a concorrência de bebidas industrializadas. Para garantir a sobrevivência da relação entre a agricultura familiar e a produção do Kanjinjin, é importante tomar medidas para garantir que os agricultores continuem produzindo essa bebida que se constitui também um patrimônio imaterial dos vila-belenses.

Também contribui para a preservação dos saberes tradicionais. A produção do Kanjinjin é uma tradição que vem sendo passada de geração em geração. A agricultura familiar é essencial para a preservação desses saberes.

A agricultura familiar é uma forma de produção que valoriza o meio ambiente. Os agricultores familiares utilizam técnicas de cultivo e produção que são sustentáveis e que respeitam a biodiversidade.

Considerações finais

Considerando que a pesquisa ainda segue sendo feita, pois nesse momento muitos fabricantes ainda não iniciaram o processo de engarrafamento das bebidas, conseguimos chegar ao início de sua produção. O Kanjinjin segue resistindo e sendo feito apenas pelos remanescentes quilombolas da comunidade.

Mesmo com a modernização e explorações em grandes quantidades, a agricultura familiar ainda segue presente no dia a dia dos vila-belenses, não só na produção do Kanjinjin, mas de outras bebidas que também são símbolos da cidade. Hoje os mercados são de grande valia para os pequenos produtores.

Com o aumento de turismo na região, as vendas do Kanjinjin tiveram um grande aumento, fazendo com que muitos fabricantes o façam de forma mais rápida, comprando todos os ingredientes em grande quantidade, e deixando um pouco de lado a sua produção.

São muito importantes trabalhos como este, pois ajudam a proteger os saberes tradicionais. É preciso garantir que os saberes tradicionais relacionados à produção do Kanjinjin sejam preservados. É preciso conscientizar a sociedade sobre a importância da agricultura familiar, e garantir que ela receba o apoio necessário para o seu desenvolvimento.

Referências

LIMA, José Leonildo. **Vila Bela da Santíssima Trindade - MT**: sua fala, seus cantos. Dissertação de Mestrado. UNICAMP: Campinas-SP, 2000.

LIMA, G. M. de; XAVIER, Y. M. de A.; COSTA, L. V. M. Destilados brasileiros "de segundo plano": o potencial do canjinjin e da tiquira. *In*: **Caderno Prospec**: Salvador, 2015.

13

O FORTALECIMENTO DA CULTURA E A RETIRADA DA SUSTENTABILIDADE DA ROÇA

Awatage Morimã
Lucinda do Carmo Sirayup Kayabi
Waldinéia Antunes de Alcântara Ferreira

Introdução

Meu nome é Awatage Morimã, moro na aldeia Figueirinha e este ano não estudo na aldeia, a sala anexa da Escola Estadual Indígena de Educação Básica Juporijup. Tínhamos esperança de permanecer estudando na aldeia Figueirinha, mas por algum motivo não foi liberada sala para ensino médio na aldeia. Assim, estamos estudamos neste ano de 2023 na escola que fica na aldeia Tatuí.

Sou estudante do 1.º ano do ensino médio, minha família mora na aldeia Figueirinha, e o meu povo é Kawaiweté/Kayabi. Desde pequeno os meus pais sempre ensinaram a importância de cultivar e plantar a roça, e desde sempre nós temos a roça onde plantamos e colhemos diversos alimentos que também estão relacionados com a nossa cultura. O objetivo deste texto é falar sobre a roça que fazemos na aldeia Figueirinha porque ela faz parte da nossa própria agroecologia para o sustento da família.

A metodologia foi por orientação da professora, com observação de como fazer a farinha e de relatar essa experiência que vivemos dentro da nossa aldeia junto com a minha família. Existe estudo que o nosso povo tem praticado agricultura de roça há muito tempo. "Exímios agricultores, os Kawaiweté cultivam uma enorme diversidade de plantas em suas roças" (ISA, 2023).

Resultados e discussão

Os resultados serão apresentados nesta parte do texto e são sobre a nossa roça e a produção da farinha puba.

Todo ano nós temos plantado e cultivado a roça (Figura 1), não ficamos sem plantar, pois é desse plantio que também a minha família retira uma renda, para ajudar no sustento de casa.

Figura 1 – Roça da minha família na aldeia Figueirinha

Fonte: Morimã (2023)

Aqui na aldeia onde eu moro somente a minha família e mais algumas pessoas fazem a farinha para vender, aqui faço o relato de como acontece essa prática, que também envolve a nossa cultura.

Todo ano fazemos a roça que é derrubada de mato bruto no mês de abril e iniciamos o plantio no mês de setembro, fazemos a colheita dos alimentos que estão bons para o consumo. Dependendo do que sempre plantamos, fazemos o plantio um pouco longe da aldeia e lá plantamos mais é a mandioca brava, também plantamos a mandioca mansa, e outros alimentos, como o cará, margarito e outros que são somente para o nosso consumo. Porém, o que mais plantamos é a mandioca brava, e é a partir dessa mandioca que fazemos a farinha grossa, também conhecida por farinha puba.

Para tirarmos uma boa quantia de farinha para a venda, tiramos em média doze saco de mandioca para colocar na água, quando vamos fazer esse trabalho aqui de casa vamos todos para a roça, lá começamos a arrancar a mandioca e os demais fazem a coleta da mandioca, colocando-a dentro do saco branco. Depois é feita a baldeação da mandioca até a beira do rio, onde é colocada dentro da água, ali fica por mais ou menos 4 dias, isso também depende do clima e também da mandioca, tem umas que tem a casca mais fina e outra mais grossa.

Depois de a mandioca estar bem amolecida, todos se reúnem para ajudar a descascar, ela é colocada dentro do saco branco e em seguida levada para prensa, ficando um dia todo na prensa, para no outro dia ser peneirada e torrada. Torramos em um tacho grande que tem aqui na aldeia, buscamos bastante lenha para não faltar.

Fazemos todo esse processo de como fazer, depois a farinha é torrada dentro de um tacho, mexida com uma colher de pau bem grande (Figura 2) no forno de barro e estará pronta para consumo e para vender.

Figura 2 – Processo de torrar a farinha

Fonte: Morimã (2023)

Depois de torrada está pronta para ser entregue, muitas vezes já fazemos a farinha por encomenda. Depois fazemos a entrega, é feita a medida em uma lata de 18 litros, para termos a medida de quantos sacos vamos ter de farinha.

Também retiramos uma quantia para o nosso consumo (Figura 3), e outras vezes a maioria levamos para vender, fazemos a venda na minha aldeia mesmo, também fazemos entregas em outras aldeias mais próximas por encomenda, e algumas vezes levamos para a cidade quando temos algumas pessoas que fazem o pedido.

Figura 3 – Farinha separada para o consumo na aldeia

Fonte: Morimã (2023)

    É uma renda que ajuda também bastante em casa, e uma das coisas importantes é que essa prática faz parte também da nossa cultura, que desde há muito tempo o meu povo kawaiweté tem cultivado e colhido os alimentos da roça. E também contribuímos com a natureza, porque nossas roças são pequenas e retiramos parte da mata somente o necessário para fazê-las, e elas não têm agrotóxico.

    Por parte da escola, também estudamos e somos orientados a realizar as práticas culturais do nosso povo, e cada vez mais fortalecer a nossa cultura nas retiradas e o consumo de alimentos plantados da roça sem o uso de agrotóxico, que faz mal a nossa saúde. De acordo com Silva e Ferreira (2016, p. 17), "O tipo de agricultura do povo Kayabi tem a perspectiva do autoconsumo, interpreto ser uma ação pertinente a construção de comunidade sustentável".

Considerações finais

Foi importante fazer esse relato, pois faz parte da minha vivência com a minha família. Achei muito importante contar um dos meios de sustento alimentar a partir da retirada dos alimentos que plantamos na nossa roça.

Mostrar que nós mantemos o nosso costume de plantar e cultivar a roça de uma forma sustentável. Entendo que, ao mesmo tempo, nós estamos fortalecendo a nossa cultura, onde desde a muito tempo o meu povo já fazia esse cultivo, guardando as sementes, ensinando a forma de serem plantadas.

Esse relato faz parte de uma das práticas culturais de meu povo que é fazer a roça, e vejo a importância do fortalecimento dessas práticas na escola. Pois na escola também é ensinada a importância de fazer o cultivo da roça, não só da roça, mas também de outras práticas que fazem parte dos nossos costumes e da nossa cultura.

Ao fazer a escrita deste texto, pude também perceber como são retirados os alimentos aqui mesmo na minha aldeia, sem estar prejudicando a natureza, e ao mesmo tempo aprendendo com o ensinamento dos meus pais, a forma de cultivar e plantar.

Referências

ISA. **Kaiabi.** Disponível em: https://pib.socioambiental.org/pt/Povo:Kaiabi. Acesso: 3 dez. 2023.

SILVA, W. M.; FERREIRA, Waldinéia Antunes de A. Currículo Agroecológico na Escola Estadual Puporijup-Povo Kayabi: Educação Escolar Indígena Latino Americana. **RCC**, Juara/MT/Brasil, v. 1, n. 1, p. 16-29, jul./dez. 2016.

14

TERRITORIALIDADES DA AGRICULTURA FAMILIAR E COMUNIDADES TRADICIONAIS NUMA PERSPECTIVA DO MODO DE PRODUÇÃO CAPITALISTA

Odeval Veras de Carvalho
Lisanil da Conceição Patrocínio Pereiral

Introdução

Este trabalho fez parte dos estudos na disciplina sobre questões socioterritoriais e a agricultura familiar do Programa de Pós-Graduação Stricto Sensu em Geografia (PPGGeo) da Universidade do Estado de Mato Grosso (UNEMAT). Foram apresentados os textos e orientações sobre a construção teórica dos projetos de pesquisas dos mestrandos, observando as especificidades das obras e autores, na elaboração de perguntas, delimitação da área de estudo, objetos, categorias de análise, bem como a reflexão sobre a fenomenologia da percepção.

Buscar dialogar com os textos estudados com sua área de pesquisa e objetos de estudos, a partir dos instrumentos de pesquisa: metodologia, levantamento de campo e análise de dados. Contextualizar seu objeto de estudos com o projeto expansionista capitalista, o modelo colonial em sua pesquisa.

Metodologia

Foi desenvolvida por meio de pesquisa bibliográfica, leitura de textos, discussão e diálogos de autores que tratam dessas questões. Na última aula foram realizadas apresentações com base na percepção acerca da análise de alguns textos. A elaboração deste trabalho está fundamentada no método do materialismo histórico-dialético com perspectivas fenomenológicas.

Resultados e discussão

Oliveira (2007) foi o autor que embasou essa disciplina, sendo foco o processo de desenvolvimento do modo capitalista de produção no seio das realidades históricas concretas, ou seja, no seio da formação econômico-social capitalista. Nas palavras de Oliveira (2007, p. 20), "O desenvolvimento do capitalismo é produto de um processo contraditório de reprodução capitalista ampliada do capital".

Observamos a relação produção, circulação de mercadorias, troca de mercadoria por dinheiro e dinheiro por mercadoria. Sobre a contradição e a mais-valia, Oliveira (2007, p. 20) argumenta que isso ocorre quando,

> [...] o capitalista converte a mercadoria em dinheiro, e, portanto, apropria-se da mais-valia, que é trabalho social não pago. Assim, trabalha-se com o princípio de que o capitalismo está em desenvolvimento constante em todo canto e lugar. E esse desenvolvimento é fruto do seu princípio básico, o movimento de rotação do capital: D — M — D. Entende-se também que o chamado processo econômico é constituído de quatro momentos distintos, porém articulados, unidos contraditoriamente. Esses momentos são o da produção imediata, da distribuição, da circulação e do consumo.

As relações de produção no campo a partir desse movimento contraditório geraram uma subordinação das relações entre o campesino e o latifundiário, vemos claramente o capital incorporando grandes áreas, populações e se expandindo em territórios e lugares (Oliveira, 2007, p. 20).

Sobre as territorialidades

Pensar as territorialidades, o espaço geográfico e as categorias de análise da ciência geográfica nos traz uma grande possibilidade no que se refere há uma maior reflexão da nossa pesquisa, sobretudo as questões estudadas que remetem a temas conflituosos, difusos e de interesses econômico, político, sociocultural e socioambiental, tais como: o modo de produção capitalista, a agricultura familiar e as comunidades tradicionais.

Este texto intenta compreender os impactos socioambientais resultantes do consumismo em áreas urbanas e suas consequências no meio ambiente, bem como a produção de produtos, bens e serviços nesta sociedade de consumo, com o foco na abordagem do uso sustentável do lugar, do território na comunidade quilombola Arraial dos Freitas, da percepção do ensino-aprendizagem em geografia dos estudantes, da cultura desses povos como relevantes na sociedade atual.

A problemática da pesquisa tem como estudo o consumismo desenfreado de produtos nesta sociedade industrial contemporânea, onde a busca pelo modelo de desenvolvimento se fundamenta na exploração dos recursos naturais e ambientais para atender uma demanda de consumo cada vez maior, sem se preocupar com a diversidade e particularidade das áreas ou ambientes de exploração, seja na floresta, no Cerrado, no Pantanal ou áreas remanescentes de povos tradicionais.

Importante destacar que existe contraponto acerca do modelo colonial capitalista de produção. Pereira (2020, p. 37-38) coordena o NEDET, Núcleo de Extensão em Desenvolvimento Territorial que objetiva:

> Entre as ações desenvolvidas no projeto de interface entre a pesquisa e a extensão com financiamento do MDA (Movimento do Desenvolvimento Agrário), via CNPq (Conselho nacional de Pesquisa e Desenvolvimento Científico), define-se contribuir com a criação das seguintes instâncias: Colegiado do Território da Cidadania; Núcleo Diretivo; Câmara Técnica de Inclusão Produtiva; Grupos de Trabalho de: Educação do/no Campo, Comercialização, Economia Solidária, Central de Comercialização; Comitês de: Comunidades Tradicionais e Povos Quilombolas, de Mulheres e de Juventude.

Cabe destacar que tem sido um importante trabalho, pois esse Núcleo de Extensão tem conseguido chegar até as escolas para sensibilizar estudantes do ensino médio para debater estes temas. Pereira (2020) argumenta que, de uma forma ou de outra, seja no campo, seja na periferia das cidades, a questão social se agravou, cabendo ao governo a tarefa de encontrar solução para o problema. Assim, fortalecer as comunidades que sobrevivem da Agricultura Familiar/campesinato é muito importante para cessar o êxodo do campo para a cidade. Também é importante investimento na educação do campo, inclusive para manter as tradições cultural e produtiva, que constituem uma riqueza imaterial do povo mato-grossense e não pode se perder. Entende-se também que estar no campo é resultado do movimento de insistência/resistência que persiste porque tem mistério na sua refeitura, porque transcende a situação vivida.

Considerações finais

A disciplina As Questões Socioterritoriais e a Agricultura Familiar propiciou a leitura dos textos de autores que dialogam com profundidade temáticas conflituosas, difusas e de interesse do poder econômico, político e geoestratégico do processo capitalista de colonização, dominação territorial, apropriação, expropriação, exploração, transformações e modernização do complexo agroindustrial no espaço agrário.

Referências

OLIVEIRA, A. U. **Modo de produção capitalista, agricultura e reforma agrária**. São Paulo: FFLCH, 2007.

PEREIRA, L. da C. P.; SAVIO, A. F.; GRANDO, B. S.; MUNGO, E. A universidade vai às comunidades tradicionais e quilombolas na baixada cuiabana, Mato Grosso-Brasil, na interface de projetos de extensão e pesquisa em empreendimentos econômicos e solidários. **Revista Equador** (UFPI), v. 8, n. 3, p. 214-224, 2009.

15

SABERES E FAZERES DE UM AGRICULTOR FAMILIAR NO ASSENTAMENTO SANTO ANTÔNIO DO BELEZA, VILA RICA-MT

Jane Matos da Silva
Lisanil da Conceição Patrocínio Pereira

Introdução

Aqui relatamos a vida do camponês Ademar Inocêncio Costa, residente no Assentamento Santo Antônio do Beleza, na região do baixo Araguaia, em Vila Rica-Mato Grosso. Ele descreve o processo de moldar e modificar o ambiente ao seu redor, destacando os desafios enfrentados ao confrontar um sistema capitalista onde a economia se dá pela obtenção do lucro e da proteção da propriedade privada.

O propósito desta descrição é chamar a atenção para uma realidade muitas vezes negligenciada pela sociedade em geral, destacando as experiências, lutas e desafios enfrentados regularmente por Ademar. Isso inclui a busca por mudas de banana de melhor qualidade, a escassez de recursos financeiros e as complexidades das cadeias de distribuição de alimentos.

Esses desafios englobam a busca por uma qualidade de vida melhor para sua família, incluindo acesso a alimentos, bem como o anseio por reconhecimento do árduo trabalho realizado, muitas vezes sem a devida valorização. Costa (2023) ressalta que o trabalhador rural, para se manter na posse da terra, se submete a situações que levam ao desespero.

Nesse viés, surgem questionamentos que levam esses agentes a uma profunda reflexão sobre o passado e a necessidade de reescrever a própria história. Este relato é resultado de uma entrevista com o próprio trabalhador rural, revelando o quão árduo é o embate contra a pouca visibilidade e a valorização da agricultura familiar nos comércios, que preferem buscar produtos em outros estados ou municípios, pagando altos impostos, a comprar do produtor rural que mora na região, sem pagar imposto. Mas, como foi dito, a desvalorização e o preconceito, essa mentalidade de que as pessoas que moram em assentamentos são preguiçosas e não cumprem com as obrigações não são de agora.

Este trabalhador rural vive profunda dificuldade e luta, no decorrer de sua fala, lágrimas se chocam com a terra empoeirada, terra essa que tantas vezes viu um pai de família chorar, porque não sabia de onde tiraria ou como faria para dar dignidade a sua família. O bananeiro (entrevistado) ressalta que "*[...] a terra ele o tinha, mas as ferramentas para o trabalho possuíam pouco e o capital para adquiri-las não o tinha*". Essa frase reflete a incerteza e a preocupação do protagonista da história em relação aos recursos financeiros necessários para apoiar seus planos e proporcionar uma vida melhor para sua família. Observamos que nosso camponês tem a leitura do mundo conforme ensinam Freire (1997) e Martins (1993).

Essa é uma situação comum em muitas famílias camponesas e de agricultores que, apesar de terem acesso à terra, enfrentam dificuldades econômicas para investir em suas atividades e melhorar suas condições de vida. Os recursos financeiros são um desafio constante nas comunidades, porque aqueles que estão ali vivem a mesma situação, uma situação que os obriga muitas vezes a sair da terra por passarem necessidade de não ter nem o que comer, largados sem nenhuma assistência por órgãos competentes.

O agricultor familiar (bananeiro) salienta que foram dias e meses fazendo planos. Enquanto esperava, plantava feijão, arroz, cana, mandioca, horta e mamão, assim não se preocupava com o alimento à mesa, porém faltavam as outras coisas. O pouco que plantava era dividido e fazia a troca em produtos nos mercados da cidade.

Esse relato destaca a longa e desafiadora jornada enfrentada pelo camponês. Em 2002, ele se mudou para a propriedade, iniciando a busca por mudas de banana em 2003. Ele ressalta que até 2014 a produção das mudas durava apenas um ano devido à doença Mal do Panamá[1], muitas vezes não sobrevivendo tempo suficiente para dar frutos e lucros, dessa forma perdia todo o trabalho ali dedicado.

Por conta dos problemas encontrados, decidiu ir em busca de mudas de melhor qualidade, ele empreendeu sua última viagem até a

---

[1] É uma doença que afeta alguns cultivares de bananas, de modo especial a banana-maçã, levando à morte da planta.

cidade de União do Norte, situada a 500 quilômetros de Vila Rica, no município de Peixoto de Azevedo. Nessa jornada, a Secretaria de Agricultura da cidade de Vila Rica-MT prestou assistência ao providenciar uma caçamba para transportar as mudas até o assentamento Santo Antônio do Beleza, na chácara Santa Laudicena, santa essa que tinha o mesmo nome de sua avó. E era ali onde ele planejava estabelecer um viveiro e realizar o tão sonhado cultivo de bananeiras. Mesmo diante das críticas e do rótulo de "louco" e "sem noção" atribuído por muitos, ele persistiu em seu objetivo.

Nesse sentido, cada muda de banana colocada na terra representava uma nova esperança depositada por esse camponês. Esse gesto simboliza a confiança no futuro e no potencial de seu trabalho árduo para transformar a realidade de sua propriedade e proporcionar sustento para sua família. A narrativa ressalta a determinação e a resiliência do agricultor familiar em face das adversidades.

Figura 1 – Camponeses descansando após carregar mudas de banana

Fonte: arquivo pessoal (Jane, 2023)

Figura 2 – O primeiro Rizoma[2] da banana inserido no solo

Fonte: arquivo pessoal (Jane, 2023)

Esse trecho descreve a dinâmica de trabalho no campo, onde os próprios membros da família camponesa, incluindo o entrevistado, são responsáveis por várias etapas do cultivo, incluindo o transporte das mudas de um local para outro na área de plantio. Além disso, é mencionado o uso do cavalo como um recurso valioso para auxiliar no trabalho agrícola. Isso demonstra a natureza manual e intensiva do trabalho no campo e como os recursos disponíveis, como animais e esforço humano, são aproveitados ao máximo para realizar as tarefas necessárias.

No entanto, nosso camponês continua indo de um lado para o outro sem muita condição financeira, é um fardo que todos os camponeses passam em seu dia a dia, e depois os chamam de pequenos produtores! Esses não são pequenos, são grandes produtores rurais!

Latifundiários são chamados de senhores e reis do agro, são admirados e adorados por muitos. De acordo com o Bananeiro, "*há esperança de que governantes e representantes dos agricultores os vejam, porque passaram por dias temerosos*", e a única coisa que essas pessoas do campesinato, ribeirinhas, pescadores não perdem é a fé de que dias melhores virão, e é nela que se agarram todos aqueles que ficaram quatro anos invisíveis.

A importância da agricultura familiar é sublinhada, ressaltando a necessidade de reconhecimento e apoio a esses agricultores para promover a sustentabilidade e o desenvolvimento rural.

---

[2] O rizoma é a parte da bananeira de formato arredondado, que cresce dentro do solo, como uma batata grande e que sai da terra para formar a planta. A partir da superfície do solo surgem as folhas enroladas umas nas outras, formando o tronco da bananeira.

Portanto, a sociedade precisa reconhecer e apoiar a agricultura familiar e valorizar o trabalho incansável dos camponeses na produção de alimentos.

Figura 3 – Bananeiras modificando à paisagem

Fonte: arquivo pessoal (Jane, 2023)

Nesse contexto, vemos a paisagem rural começando a transformar-se para realizar o sonho de cultivar bananas. Apesar de serem muitas vezes categorizados como "pequenos produtores" devido às suas limitações financeiras e à falta de acesso à mecanização agrícola, esses agricultores desempenham um papel vital que é transmitido de geração em geração por meio de um processo cultural forte. Eles contribuem de maneira significativa para a produção de alimentos e desempenham um papel crucial na sustentação da agricultura familiar.

Contudo, destaca-se a resiliência e a importância da agricultura familiar, que não apenas fornece alimentos, mas também preserva tradições culturais e práticas agrícolas tradicionais. É uma lembrança de que o tamanho da operação agrícola não deve ser subestimado, pois esses "pequenos produtores" desempenham um papel vital na segurança alimentar e na manutenção da diversidade agrícola.

Os agricultores familiares trabalham arduamente para cultivar alimentos, para isso preparam a terra pacientemente, aguardando o momento certo para plantar, muitas vezes dependendo das chuvas para iniciar o cultivo. Além disso, enfrentam a tarefa constante de controlar o crescimento de plantas daninhas para garantir que suas culturas tenham espaço para prosperar.

Apesar de todo esse esforço e trabalho árduo, muitas vezes os agricultores familiares enfrentam dificuldades para obter reconhecimento justo e lucro pelo que produzem. Os intermediários nos mercados muitas vezes lucram consideravelmente mais com a venda dos produtos agrícolas dos pequenos produtores. Isso destaca a necessidade de apoio e controle de políticas públicas e a valorização dos agricultores familiares, que desempenham um papel vital na produção de alimentos para a subsistência e para as comunidades urbanas.

Essa situação ressalta a importância de práticas comerciais mais justas e transparentes que beneficiem os agricultores familiares. Também destaca a necessidade de estratégias para contornar ou reduzir a dependência de intermediários, como a venda direta aos consumidores ou a participação em cooperativas agrícolas. Porque esses atravessadores resultam em lucros inadequados para os agricultores, que podem ter dificuldades para obter um retorno justo pelo seu trabalho árduo.

Portanto, todo esse processo por trás do produto não é nada mais que um trabalhador lutando contra o sistema, o capitalismo, e as adversidades da vida que todos os dias os colocam à prova.

Figura 5 – Dia de colheita da banana-maçã

Fonte: arquivo pessoal (Jane, 2023)

Este relato tem um propósito fundamental de trazer à tona uma realidade que muitas vezes passa despercebida ou é negligenciada pela sociedade em geral. Levando os camponeses a serem rotulados ou muitas vezes tratados com preconceitos por causa de sua simplicidade, o modo de falar etc. Ao destacar as experiências, lutas e desafios enfrentados pelos agricultores familiares e camponeses, o relato busca aumentar a conscientização sobre as dificuldades que esses trabalhadores rurais enfrentam em suas vidas diárias. Também destaca a importância de valorizar e apoiar a agricultura familiar e a produção agrícola sustentável, bem como promover práticas comerciais mais justas.

Quando a sociedade compreender que os produtores buscam apenas o reconhecimento do município e dos comerciantes, que a batalha é dura para produzir e deslocar os seus mantimentos até a cidade para vender por um preço justo, aí sim a vida dos agricultores familiares será reconhecida.

Mesmo lutando contra um sistema capitalista, submetemos a aceitação não por vontade, e sim porque é imposto que sigamos a ideologia capitalista. Para termos o lucro, temos que aceitar o baixo preço dos mercados e da sociedade, tornando-nos, nesse viés, empregados do sistema capitalista.

Este relato permite que as vozes desses trabalhadores sejam ouvidas, dando-lhes a oportunidade de compartilhar suas histórias e perspectivas com um público mais amplo. Isso pode levar a uma compreensão mais profunda das questões enfrentadas pelas comunidades rurais e potencialmente inspirar ações para melhorar suas condições de vida.

Considerações finais

A presente pesquisa procurou dar voz a Ademar Inocêncio Costa, um produtor rural do Assentamento Santo Antônio do Beleza em Vila Rica, Mato Grosso, que se destaca como cultivador de bananas-maçã. O estudo concentra-se em explorar suas experiências, desafios e lutas diárias, destacando as complexidades inerentes à vida no campo, moldadas pelo sistema capitalista e pelas dificuldades comuns enfrentadas por agricultores familiares.

Referências

FREIRE, P. **A importância do ato de ler**: em três artigos que se completam. 35. ed. São Paulo: Cortez, 1997.

MARTINS, M. H. **O que é leitura**. 16. ed. São Paulo: Brasiliense, 1993.

16

SABERES E FAZERES DE UM AGRICULTOR FAMILIAR EM SÃO FÉLIX DO ARAGUAIA

Diamara Moreira Silva Reis
Frailan Pereira de Novaes
Lisanil da Conceição Patrocínio Pereira

Introdução

A agricultura familiar tem sido praticada desde a Antiguidade como fonte de sustento e economia. Segundo Bertolini, Filho e Mendonça (2020), a atividade tem importância tanto social quanto econômica, pois é por meio dela que há o abastecimento de alimentos no Brasil e no mundo.

Na visão de Abreu, Oliveira e Roboredo (2021, p. 2), "a agricultura familiar é a forma predominante de produção agrícola em várias regiões do Brasil, sendo essencial para a economia de vários municípios e estados". Sendo então a agricultura familiar importante para fornecer uma atividade amplamente diversificada desenvolvida em várias regiões do país.

Esta atividade gera recursos financeiros para a população, contribuindo positivamente ao mercado financeiro mundial. Moura (2023) afirma que as propriedades neste ramo de produção funcionam como um motor, permitindo a circulação do capital financeiro direta e indiretamente, resultando em um efeito multiplicador. A agricultura familiar é capaz de aumentar a produção alimentar, tornando-se economicamente viável baseada em práticas responsáveis com o meio ambiente, aumentando o mercado produtivo fresco por meio dos produtores (Bertolini; Filho; Mendonça, 2020).

A agricultura familiar consiste em uma atividade humana que visa cultivar vegetais para o consumo humano e de animais, envolvendo técnicas de plantio e colheita. Conforme Moura (2023), a agricultura familiar, baseado no anuário da Contag, é o principal responsável pelo abastecimento de produtos saudáveis no mercado interno e ainda visa ao manejo sustentável dos mesmos.

O cultivo e cuidado é feito em sua maioria por famílias que por meio do campo adquirem sua renda. A Lei n.º 11.326, de julho de 2006, reconhece a prática da agricultura como uma união de membros familiares que trabalham adquirindo da agricultura a renda e o próprio sustento (Soares, 2022).

Os pequenos agricultores desenvolvem práticas e métodos que se distinguem em cada país, levando em consideração as necessidades de vida em cada região. A gestão das propriedades familiares é diversificada, utilizando de insumos da própria propriedade ou de redondezas, possui mão de obra própria e aproxima aos princípios agroecológicos (EMBRAPA, 2023).

Por meio de ações comunitárias e outras movimentações, o alimento que estudantes adquirem nas escolas são em grande maioria advindos de plantações de agricultores. Soares (2022) afirma que a agricultura familiar pode ser responsável pela produção de alimentos saudáveis distribuídos de forma planejada para o consumo de várias unidades escolares por meio de programas existentes.

Para que se tenha bons resultados tanto para os pequenos agricultores quanto para o país, é necessário que haja a valorização desses profissionais. Por meio do fortalecimento da agricultura familiar, o êxodo rural é reduzido e a geração de capital no setor agropecuário é fortalecida, com o desenvolvimento rural por meio do emprego e renda (CONAB, 2023).

Com base no exposto por Filho, Araújo e Silva (2022), os recursos disponíveis que atendem aos agricultores tiveram ampliação superior ao esperado, resultando em elevações precisas na economia. Acrescentado por Bertolini, Filho e Mendonça (2020), um dos dilemas enfrentados por muitos trabalhadores é a dependência e uso de tecnologias na agricultura, podendo se tornar um fardo às pequenas propriedades pela necessidade de recursos e assistências técnicas.

O principal objetivo deste trabalho foi o levantamento e análise da forma de vida de um agricultor familiar e suas técnicas de trabalho, situado na cidade de São Félix do Araguaia-MT. Para a realização deste artigo, utilizamos da pesquisa-campo, por seguinte, encontram-se os resultados e discussões, em que estão os dados obtidos pela pesquisa, e, por último, as considerações finais, com a conclusão dos resultados adquiridos pela atividade em campo.

Área de estudo

O estudo foi realizado na cidade de São Félix do Araguaia, localizado no estado de Mato Grosso, no dia 29 de novembro de 2023, às 12 horas no horário de Brasília-DF. Foram observados os locais da área visitada e realizou-se entrevista com questionário livre com o dono da horta, identificado como Raul.

Na primeira etapa da pesquisa, o dono da horta, identificado como Raul (Figura 1), foi entrevistado por meio de um questionário físico (Figura 2), contendo oito questões de livre "resposta", evidenciando o modo de vida e de trabalho. Na segunda etapa foram registrados os locais do plantio do entrevistado (Figura 3), a fim de compreender as respostas na pesquisa de campo.

Figura 1 – Dono da propriedade e os pesquisadores. A: Da direita para esquerda: pesquisador e entrevistado. B: Pesquisadora e entrevistado. C: pesquisadores e entrevistado ao meio

Fonte: autoria própria (2023)

Figura 2 – Questionário físico da pesquisa de campo

Questionário da pesquisa campo

1- Há quanto tempo está nesse ramo?
2- Quantas pessoas trabalham na horta?
3- Qual o tamanho da sua propriedade? Essa propriedade é sua mesmo?
4- O senhor consegue atender todo o público?
5- O senhor planta todos os tipos de hortaliças, quais são elas, e quais o senhor já plantou, mas não teve boa aceitação pelo público?
6- O senhor usa algum tipo de agrotóxico para combater as pragas?
7- Qual adubo orgânico usa?
8- Existe uma época certa para o plantio das hortaliças?

Fonte: autoria própria (2023)

Figura 3 – Registros dos ambientes analisados

Fonte: autoria própria (2023)

TERRITÓRIO, CULTURA E IDENTIDADE: AMIGOS DO CLIMA

Foram manuseados, a fim de coletar os dados, folhas de questionário e caneta para anotações e descrição das características do local, além de câmera do celular para registros fotográficos das situações apresentadas.

Resultados e discussão

Durante a entrevista de campo, o proprietário da terra, Raul, demonstrou-se prestativo e animado a esclarecer as dúvidas apresentadas. Como os impactos ambientais advindos do uso da terra são inevitáveis, o dono cuida do solo, preparando-o para se estabelecer o desenvolvimento saudável das plantações.

O modo de vida do proprietário se resume a várias famílias que encontram no cultivo o recurso de vida, estabelecendo laços afetivos com a população e, assim, o contato saudável. Quanto às dificuldades no preparo do solo, Raul tem gastos com os materiais e equipamentos que utiliza na sua plantação. Relatou ser impossível cuidar de uma plantação sozinho e que requer compromisso e boa disposição da família.

Os resultados obtidos na pesquisa de campo serão abordados em itens específicos com base no questionário livre. A primeira questão apresentada ao agricultor foi sobre o seu tempo na atividade. O senhor Raul afirmou que "*o tempo é estimado a mais de trinta anos, a prática é justamente para manter o sustento da família e, consequentemente, ampliado para a venda das hortaliças à população local*".

Sem muita condição, os trabalhadores de pequenas propriedades enfrentam desafios diários para desenvolver as atividades no dia. "Os agricultores lutam para sobreviver e tornar estas propriedades economicamente sustentáveis nesse mercado globalizado" (Bertolini; Filho; Mendonça, 2020, p. 3).

Na sequência, foi questionado sobre quantas pessoas trabalham na horta? O entrevistado relatou que trabalha com a esposa e o filho, mas que, havendo grande demanda, necessita de mão de obra de fora. E sobre o tamanho da sua propriedade e se a propriedade é própria, respondeu que a propriedade tem em torno de três alqueires, e que é própria. Também perguntamos se consegue atender a todo o público. Ele garantiu que às vezes é impossível, pela falta de mão de obra de fora, pois cuidar da terra não é uma tarefa fácil e necessita de mais pessoas para ajudá-lo na preparação do solo e para a colheita.

Levando em consideração a colheita, perguntamos se já plantou, mas não teve boa aceitação pelo público. A resposta foi que "É raro as críticas pelo público, havendo *sempre a dedicação no preparo das hortaliças e que sempre dedico o tempo exclusivamente para o ramo*" (Raul).

Na horta do proprietário tem hortaliças como beringela, quiabo, maxixe, tomate, jiló, abobrinha, pimentão, pepino, rúcula, alface, almeirão, rabanete, coentro, cebolinha verde, salsa, couve. Em outra porção do solo se tem o plantio de mandioca, milho e melancia. Toda vegetação é cultivada e preparada com cuidado, havendo o controle do que é vendido e do que é comprado para a terra, evitando desperdícios desnecessários.

A venda dessas hortaliças é feita diariamente para a população onde vive, todo dia existe a demanda de vegetais pela população. Logo, as pessoas que necessitam para o consumo se deslocam para a sua chácara ou aguardam que ele faça a entrega na residência.

Em relação às pragas no meio do cultivo, seu Raul foi questionado: "O senhor usa algum tipo de agrotóxico para combater as pragas?" Respondeu que sim, afirmando ser impossível não usar algum tipo de produto para o combate às pragas que aparecem em meio as produções. Mas que evita no máximo o prejuízo de suas produções, levando em consideração a saúde e bem-estar do público.

Utiliza bactericida, fungicida, acaricida e ressalta que nem sempre é possível ver a olho nu os fungos que atrapalham no desenvolvimento das hortaliças. Afirma usar defensivos de forma que haja o equilíbrio com a natureza, observa que "*os pequenos insetos são essenciais para se ter uma produção de hortaliças*" (Raul). Também perguntamos sobre qual adubo orgânico é usado no plantio. A resposta foi que "*O principal adubo usado nas hortaliças é o esterco de gado, e uso também adubos químicos granulado MPK, e adubo foliar, micros nutrientes, nitrogênio, boro, entre outros*" (Raul). Em relação à proteção, a resposta foi esta: "*Para a proteção das hortaliças, uso sombrite a fim de proteger contra o sol e a chuva, esta que é de setembro a março*" (Raul).

Para concluir a pesquisa, foi questionado sobre o tempo específico para o plantio. A resposta foi que "*Sim, se plantado em período errado não consigo colher devido às pragas que possam surgir. O plantio é feito com base na lua, sendo em lua cheia até o terceiro dia da minguante*" (Raul).

Durante a pesquisa, o proprietário afirmou que existe muita dificuldade no campo e que requer muito esforço, pois às vezes não se tem a valorização adequada. A falta de infraestrutura afeta diretamente a vida, o modo como estabelecem o preparo da terra.

Considerações finais

Por meio da prática de cultivo de hortaliças, o sustento é adquirido para as famílias que não possuem renda fixa no mês. O alimento que chega à mesa de muitas famílias indiretamente é muitas das vezes graças a esses pequenos agricultores que dedicam o tempo ao preparo e cultivo do solo.

É evidente que não é fácil a vida desses trabalhadores, pois requer muito esforço e dedicação para superar os desafios enfrentados no dia a dia, com a falta de infraestrutura adequada e pouca valorização.

Referências

ABREU, C.; OLIVEIRA, A. L. A.; ROBOREDO, D. A agricultura familiar no estado de Mato Grosso: um olhar a partir do Censo Agropecuário 2017. **Revista de Ciências Agro-Ambientais**, [*S. l.*], v. 19, n. 2, p. 81–92, 2021. DOI: 10.30681/rcaa. v19i2.5276. Disponível em: https://periodicos2.unemat.br/index.php/rcaa/article/view/5276. Acesso em: 28 nov. 2023.

BERTOLINI, M. M.; FILHO, P. L. P.; MENDONÇA, S. N. T. G. A importância da agricultura familiar na atualidade. **CIAGRO**, 2020. Disponível em: https://doi.org/10.31692/ICIAGRO.2020.0254. Acesso em: 28 nov. 2023.

BUAINAIN, A. M.; ROMEIRO, A. R.; GUANZIROLI, C. Agricultura familiar e o novo mundo rural. **Sociologias**, n. 10, p. 312-347, 2003.

CONAB. **Agricultura familiar**. 2023. Disponível em: https://www.conab.gov.br/agricultura-familiar. Acesso em: 28 nov. 2023.

EMBRAPA. Agricultura familiar. 2023. Disponível em: https://www.embrapa.br/tema-agricultura-familiar/sobre-o-tema. Acesso em: 28 nov. 2023.

FILHO, G. S. B.; ARAÚJO, W. V.; SILVA, H. Agricultura familiar tratada com respeito e valorização. **Correio Braziliense**, Brasília, DF, 2022.

MARTINS, M. H. **O que é leitura**. 16. ed. São Paulo: Brasiliense, 1993.

MOURA, B. F. Agricultura familiar é 8.ª maior produtora de alimentos do mundo. **Agência Brasil**, Rio de Janeiro, 2023. Disponível em: https://agenciabrasil.ebc.com.br/economia/noticia/2023-07/agricultura-familiar-e-8a-maior-produtora-de-alimentos-do-mundo. Acesso em: 30 nov. 2023.

SOARES, M. F. Da horta ao prato: a agricultura familiar e sua contribuição na alimentação escolar. 2022. Disponivel em: https://repositorio.ifes.edu.br/handle/123456789/2234. Acesso em: 29 nov. 2023.

EXTRATIVISMO DA CASTANHA (SABER CULTURAL) E A COMERCIALIZAÇÃO/ ALIMENTAÇÃO TRADICIONAL DO POVO APIAKÁ, DA ALDEIA MAYROB

Luelson Morimã Sabanes
Claudilene Burum Sabanes
Lucildo krixi Sabanes
Waldinéia Antunes de Alcântara Ferreira
Marinez Monzalina Crixi Morimã

Introdução

Somos um povo guerreiro que, no primeiro contato com não indígenas, sofreu muito para manter os costumes, a cultura e a língua materna. Hoje o nosso povo não fala a língua materna, porque fomos obrigados a abandoná-la, mas temos projeto de fortalecimento, principalmente a partir da escola. Nossa cultura e costume é forte, principalmente a identidade e história do povo.

Nós, Apiaká, lutamos para melhoria da saúde, da educação, da sobrevivência com projetos coletivos que ajudam as famílias da aldeia. O trabalho foi realizado na aldeia Mayrob (Figura 1), na Terra Indígena Apiaká-Kayabi, que fica no estado de Mato Grosso, município de Juara. Foi desenvolvido na escola com produção de texto relatando o uso que fazemos da castanha-do-brasil.

Figura 1 – Fotografia da Aldeia Mayrob

Fonte: Sabanes (2023)

O resultado é que a castanha faz parte da nossa sobrevivência, na alimentação, nos nossos costumes e também é comercializada.

Metodologia

O trabalho foi realizado a partir da vivência que nossas famílias têm com a extração da castanha e também comercialização. Além disso, também com os conhecimentos que as mulheres têm no preparo de culinárias tradicionais que fazem uso da castanha. A castanha é assunto dentro da escola para que possamos escrever texto com as nossas experiências e com o que aprendemos com as pessoas da aldeia.

Resultados e discussão

A castanha é uma amêndoa da árvore castanheira, conhecida como castanha-do-brasil. A extração de castanha é uma fonte de renda para as famílias do povo da aldeia Mayrob. Também a castanha é alimento tradicional que vem desde o antepassado do nosso povo, e até hoje mantemos costumes, tradições na culinária Apiaká. A castanha é retirada do próprio território terra indígena Apiaká/Kayabi, é colhida da floresta pelas famílias, homens e jovens. A coleta da castanha começa no mês de novembro e até o mês de abril ou até quando ainda está caindo das árvores.

Primeiro são feitos mapeamentos, limpeza das estradas que dão acesso aos castanhais, depois a castanha é colhida em ouriço, quebrada e ensacada. Ela é carregada nas costas com tipoias, por homens e jovens meninos, até o barco. De lá transportada para a aldeia, onde passa pelo processo de lavar, secar e ensacar para venda e também para o consumo das famílias (Figura 2).

Figura 2 – Processo de coleta da castanha para comercialização

Fonte: Sabanes (2023)

A comercialização econômica da castanha é feita pelas famílias por intermédio da associação local da comunidade para compradores, atravessadores e também para uma cooperativa de Juruena. Com a comercialização, as famílias têm a sua própria renda para comprar seus alimentos e utensílios como geladeira, fogão e outros equipamentos necessários.

Temos apoio de projetos, com equipamentos de proteção individual (EPIs), facões, botinas, corda, lona, barracas e combustível. Os projetos também oferecem capacitação aos colhedores. Essa é a parte da comercialização e para comercializar usamos dos nossos conhecimentos de entrar na floresta e de sermos coletores de castanha.

Nós também usamos a castanha para fazer os nossos alimentos tradicionais, para fazer bolos de massa de mandioca, beiju de polvilho, o leite da castanha é usado na preparação de mingau de banana, mingau de arroz, mingau de tapioca, vinho de frutas caju-do-mato, murici, tapereba, pariri, carne e peixe salgado.

Figura 3 – Preparo do bolo de massa de mandioca

Fonte: Sabanes (2023)

De acordo com Morimã (2017), a alimentação e a saúde do povo Apiaká est**ão** ligadas aos conhecimentos que existem dentro da comunidade. Os homens desenvolvem ações de coleta com muita sabedoria e **às** vezes a mulher participa, e ela sabe e aprendeu com sua avó, mãe ou tia sobre como fazer os alimentos.

Segundo Krixi (2016), a utilização das práticas alimentares tradicionais não pode deixar de ser ensinada para os jovens, tem que ser repassadas de geração em geração as principais fontes das utilizações da castanha, que faz parte da culinária do povo Apiaká e também está no currículo escolar. De acordo com Morimã, Gonçalves e Azinari (2022), a castanha é muito útil em vários aspectos, no desenvolvimento econômico e sustentável para povo Apiaká.

Considerações finais

É importante continuar desenvolvendo atividades que ajudam na subsistência do povo Apiaká, e também é preciso manter a nossa cultura e os nossos saberes ancestrais. Escrever este texto foi muito importante porque é sobre uma atividade que desenvolvemos na minha comunidade.

Esse trabalho é desenvolvido dentro da nossa aldeia e também os conhecimentos fazem parte da escola, os professores trabalham os lugares que tem a castanha, como ela é importante no sustento, nos alimentos da cultura e na produção de texto.

Referências

KRIXI, I. **História da Escola Apiaká na Aldeia Mayrob de Juara-MT**. 2016. Trabalho de Conclusão de Curso (Licenciatura em Pedagogia Intercultural) – Universidade do Estado de Mato Grosso, Barra do Bugres, MT, 2016.

MORIMÃ, M. M. C. Alimentação e saúde do Povo Apiaká. *In*: **JORNADA DOS POVOS DO BRASIL**: EDUCAÇÃO, TERRITÓRIO E IDENTIDADES, 2., 2017, Barra do Bugres-MT: UNEMAT, 2017.

MORIMÃ, E. C.; GONÇALVES, J. de A.; AZINARI, A. P. da S. Desenvolvimento socioeconômico e uso da castanha do Brasil na alimentação e culinária apiaká. *In*: **congresso científico internacional da rede de pesquisadores sobre povos originários e comunidades tradicionais** – REDE CT, 3., 2022, Barra do Bugres, MT. **Anais [...]**. Barra do Bugres, MT: UNEMAT, 2022. Disponível em: https// www.even3.com.br/anais/. Acesso em: 30 nov. 2023.

PROJETO DE APICULTURA NA ESCOLA ESTADUAL TERRA NOVA: SUSTENTABILIDADE AMBIENTAL E SOCIAL

Ana Liliam Fidelix da Silva
Igor Narcizo Cardoso
Jaquelyne Alves de Matos
Gladiston de Macena Colmam
Ana Cláudia Taube Matiello
Lisanil da Conceição Patrocínio Pereira

Introdução

Este trabalho descreve a importância do desenvolvimento apícola na região a partir do "Projeto Apicultura na Propriedade", realizado pela Escola Estadual Terra Nova, que vai originar grandes impactos positivos na região tanto em âmbito social quanto em termos de desenvolvimento financeiro para jovens, com interesse em capacitar nessa área do setor produtivo do país.

Com a escola, esse projeto pode ter um maior alcance de áreas na região Norte do estado de Mato Grosso, devido à diversificação de municípios em que cada participante está centralizado, pois são doze os estudantes inscritos. Todos eles têm como mentor o professor Gladiston de Macena Colmam, formado em Zootecnia.

Para realizar este trabalho, os estudantes autores deste artigo vivenciaram na prática o projeto da escola e estão desenvolvendo na comunidade, juntamente com a família, a superprodução de mel, que é um dos alimentos mais saudáveis, melhorando seus laços familiares e tendo uma melhor conexão com a natureza, possibilitando assim incentivar a preservação do meio ambiente. Nas Figuras 1 e 2 é possível observar a prática do projeto, tanto no ambiente escolar como na comunidade onde os estudantes residem.

Figura 1 – Atividade prática desenvolvida no apiário Escola Estadual Agrícola Terra Nova

Fonte: os autores (2023)

Figura 2 – Desenvolvimento da atividade apícola na propriedade

Fonte: os autores (2023)

Além disso, foi realizado um levantamento de dados via pesquisa realizada pelos autores na plataforma Google Forms, possibilitando aos participantes do projeto idealizarem seus pensamentos e colocá-los em prática para alcançar seus objetivos próprios.

Metodologia

Este trabalho baseou-se em outros artigos realizados para participar da I Olimpíada Nacional de Povos Tradicionais, Quilombolas e Indígenas do Estado de Mato Grosso (Cardoso, 2022). Tem como finalidade mostrar a importância econômica da apicultura no meio familiar.

Com base nos procedimentos, foi estudado o "Projeto Apicultura na Propriedade", que foi desenvolvido pela Escola Estadual Terra Nova. Foi utilizado como instrumento de coleta de dados um questionário com três perguntas, realizado na plataforma Google Forms.

Resultados e discussão

Conforme a pesquisa realizada com os participantes do projeto, a atividade apícola pode se tornar a principal fonte de renda da família nos próximos anos, devido ao aumento da demanda nos últimos anos e a valorização do mel na pandemia da Covid-19. Observe no Gráfico 1 que aproximadamente 69% dos entrevistados acreditam que a apicultura pode se tornar a principal atividade, gerando renda para pequenos agricultores familiares e ainda ajudando a preservar áreas de reserva e tornando-as mais rentáveis, permitindo assim gerar o maior aproveitamento da propriedade para a produção de alimentos.

Gráfico 1 – Percentual dos entrevistados que acreditam na apicultura como principal fonte de renda para a família

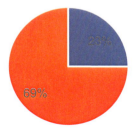

- Produzir e vender para amigos e familiares
- Alavancar o negócio e chegar em um patamar nacional

Fonte: os autores (2023)

No projeto de apicultura os estudantes estão investindo o tempo em conhecimento, pois estão compreendendo o conceito de empreendedorismo e, com isso, gerando grandes expectativas para o mundo do negócio, com pensamentos ambiciosos para mudar a vida de si próprio e de toda a sociedade, principalmente da região, gerando mais empregos e dignidade às pessoas necessitadas na região. Foram entrevistadas 13 pessoas e 23% pretendem produzir mel e vender para amigos e familiares, 69% têm expectativa de alavancar no negócio e ser reconhecido nacionalmente e apenas 8% pretendem atingir a superprodução de mel e exportar para outros países e se tornar um dos maiores empreendedores apícolas do país. Observe o Gráfico 2 para melhor compreensão dos dados.

Gráfico 2 – Expectativa dos estudantes no projeto apícola

Fonte: os autores (2023)

A atividade apícola é uma das atividades mais sustentáveis do agronegócio brasileiro, possibilitando ao apicultor maior rentabilidade sem precisar fazer nenhum desmatamento, pelo contrário, quanto maior a preservação de áreas nativas, melhor será a produção de mel, tendo maior lucratividade (Balbino; Binotto; Siqueira, 2015 *apud* Correia-Oliveira *et al.*, 2010).

Sendo assim, a apicultura acarreta diversos impactos positivos também de um ponto de vista ecológico e ambiental, pois promove a preservação de áreas de reserva que apresentam grande biodiversidade de fauna e flora, já que a atividade depende de um pasto apícola saudável, e o ambiente ideal para o desenvolvimento da apicultura é constituído por áreas de preservação ambiental, dessa maneira auxilia na proteção ecossistêmica, harmonizando a agricultura à agroecologia, contribuindo para a promoção de sistemas produtivos mais sustentáveis.

Tendo isso em vista, os estudantes que são integrantes do projeto apícola foram questionados se com a iniciação dessa nova atividade haveria uma maior propensão à preservação das áreas de reserva na propriedade. Como mostra o gráfico a seguir, pode-se observar que 100% dos participantes responderam que haverá maior propensão a cuidados que promovam a preservação dos locais onde seu apiário está sendo iniciado. Pelos dados, podemos concluir que produtores que ingressam na atividade não se mostram negligentes com a promoção da preservação de áreas de reserva, já que o desenvolvimento do negócio é dependente dessa proteção.

Gráfico 3 – Percentual de entrevistados que terão maior propensão **à** preservação ambiental

Fonte: os autores (2023)

Além disso, as abelhas atuam diretamente na polinização da flora, polinização essa indispensável para o desenvolvimento das plantas e preservação da biodiversidade, sendo vitais para o ecossistema do planeta. Estima-se que, dentre as espécies florais cultivadas no mundo, aproximadamente 73% sejam polinizadas por alguma espécie de abelhas. Ademais, a escala da polinização está diretamente ligada à produtividade das plantas tanto silvestres como as plantas cultivadas para a alimentação humana ou animal, sendo assim é essencial para boa condução também da agricultura, apresentando grande relevância para a alimentação da população mundial. Então mais um impacto positivo que o projeto de apicultura trará aos estudantes será a contribuição para o aumento da produtividade de culturas como plantações, pastagens e pomares, tanto na propriedade como nos arredores que as abelhas campeiras visitarão.

Considerações finais

Os resultados concluídos neste trabalho, por meio de pesquisas e percepção de estudantes que integram o projeto, mostram como o "Projeto Apicultura na Propriedade" trará diversos benefícios, econômicos, ambientais e sociais, servindo como incentivo e alavanca para jovens em um momento de exploração de sua identidade financeira e também profissional, proporcionando uma alternativa de empreendimento, fazendo com que possam desde já aprender gestão negocial, além de adquirirem conhecimento técnico, incentivando a permanência desses jovens no campo, diminuindo o êxodo rural. Além de aprofundar os laços familiares, ofertar alimentação saudável e enriquecida, alavancando a agricultura familiar, combinada com a agricultura sustentável que não prejudica o ecossistema, e sim é benéfica para a preservação da fauna e flora, contribuindo mediante a polinização indispensável para a vida no planeta.

Referências

BALBINO, A. V.; BINOTTO, E.; SIQUEIRA, S. E. **Apicultura e responsabilidade social**: desafios da produção e dificuldades em adotar práticas social e ambientalmente responsáveis. Ago. 2015. Disponível em: https://www.scielo.br/j/read/a/G44MJtnxBLYDPYkFJxWBm6P/. Acesso em: 14 jun. 2023.

CARDOSO, Narcizo Igor. *et al.* A importância do grupo de ferramentas no processo pedagógico da escola agrícola Terra Nova-MT. *In*: OLIMPÍADA NACIONAL DE POVOS TRADICIONAIS, QUILOMBOLAS E INDÍGENAS DO ESTADO DE MATO GROSSO. **Anais [...].** Cuiabá, 2022.

GUIMARÃES, C. M. B. **Polinização por abelhas em cultivo convencional e agroflorestal**. Fev. 2018. Disponível em: https://repositorio.ufu.br/bitstream/123456789/21935/6/Poliniza%c3%a7%c3%a3oAbelhasCultivo.pdf. Acesso em: 16 jun. 2023.

O PROCESSO DO LEITE NA ESCOLA AGRÍCOLA TERRA NOVA, MUNICÍPIO DE TERRA NOVA DO NORTE-MT

Mychele Ketellen Peres de Souza
Hellen Silvino De Camargo
João Pedro Benis
Roseli de Cassia Careno Guermandi
Ana Cláudia Taube Matiello
Lisanil da Conceição Patrocínio Pereira

Introdução

A pecuária leiteira tem grande importância para os pequenos produtores rurais do Brasil e para a Escola Agrícola Terra Nova, que mostra na prática para os estudantes o quanto o leite traz benefícios, tanto alimentícios como financeiros, tendo um manejo adequado. A produção de insumos de leite é uma das fontes de renda que a escola utiliza para cobrir alguns gastos como a própria alimentação das vacas leiteiras.

Segundo Rocha, Carvalho e Resende (2020, p. 2).

A cadeia produtiva do leite é uma das principais atividades econômicas do Brasil, com forte efeito na geração de emprego e renda. Presente em quase todos os municípios brasileiros, a produção de leite envolve mais de um milhão de produtores no campo, além de gerar outros milhões de empregos nos demais segmentos da cadeia.

Visando a isso, a escola conta com dois grupos de trabalho: o de bovinos e o do processamento. O grupo de bovinos é responsável pela alimentação dos animais – parte primordial para um leite de excelente qualidade –, além de realizar todo o manejo de retirada do produto e cuidar da higienização do resfriador e da ordenha. Depois desse processo, o leite é remanejado para o grupo do processamento, responsável pela produção dos doces de leite com maracujá ou com pimenta, para o consumo no café da manhã, e também receitas de bolos. Grande parte dessas produções é destinada à venda para as famílias e demais pessoas da região.

Metodologia

A metodologia empregada foi o relato de experiências das estudantes, a participação a campo nos grupos de trabalho e pesquisas realizadas em trabalhos passados, de artigos vistos nas mídias sociais.

Resultados e discussão

O leite, visto pelos estudantes, tem grande importância tanto em conhecimentos para os mesmos como em renda para a escola. Assim, os estudantes com a participação nos respectivos grupos dos bovinos e processamento analisam de perto a importância de um manejo leiteiro de forma correta, o quanto os animais ganham no aumento da produtividade de leite até o momento de manuseio desse líquido em uma cozinha para a preparação de refeições diárias.

E compreendem como um simples leite liga diversas pessoas em todo seu processo.

Nas imagens a seguir é possível observar as áreas de trabalhos do grupo dos bovinos e processamento.

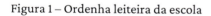
Figura 1 – Ordenha leiteira da escola

Fonte: acervo da escola (2023)

Figura 2 – Produção de doce de leite

Fonte: acervo da escola (2023)

Considerações finais

Com este trabalho os estudantes compreenderam de perto todo o processo e como o leite é uma produção muito importante para milhares de pequenos produtores rurais espalhados pelo vasto Brasil. E perceberam o quanto a produção de insumos realizados com o leite ajuda a escola financeiramente e na alimentação dos estudantes.

Referências

ROCHA, D. T.; CARVALHO, G. R.; RESENDE, J. C. **Cadeia produtiva do leite no Brasil**: produção primária. Juiz de Fora: Embrapa, 2020.

20

SABERES E FAZERES AGROECOLÓGICOS SULEADOS PELO PROJETO PEDAGÓGICO DA ESCOLA ESTADUAL TERRA NOVA

Igor Narcizo Cardoso
Ana Cláudia Taube Matiello
Lisanil da Conceição Patrocínio Pereira

Introdução

O texto mostra a pedagogia aplicada pela Escola Estadual Terra Nova em relação à agroecologia e o curso técnico empregado ao ensino médio. A escola procura transformar a vida de jovens agricultores no norte do estado de Mato Grosso, visto que atende estudantes de vários municípios do entorno do município de Terra Nova do Norte, contribuindo com a redução do êxodo rural e preparando-os para a vida urbana, uma vez que também proporciona a formação humana.

A Escola Estadual Terra Nova prega a Agroecologia ampla, pois a agroecologia não é igual, muitas pessoas pensam que é sustentabilidade, mas o trabalho da escola vai além, é saber trabalhar com a terra, saber cuidá-la e desfrutar das suas produções, compartilhando os conhecimentos adquiridos nesses trabalhos do/no campo, proporcionando uma aprendizagem para todos e o entendimento de quem mora na cidade em relação aos alimentos, pois todos se preocupam com os alimentos que estão nas suas mesas.

Conforme o docente Marcos, da disciplina de Ciências Humanas da Escola Estadual Terra Nova, "a agroecologia é um conceito de sustentabilidade cujo objetivo é trabalhar em harmonia com o meio ambiente, produzindo alimentos saudáveis sem a utilização de agrotóxicos".

Para manter esse equilíbrio, é importante repelir insetos de forma agroecológica, sem matá-los. Além disso, a agroecologia valoriza a agricultura familiar, o cooperativismo e a solidariedade, trabalhando em prol da comunidade. A produção agroecológica busca equilíbrio com a terra e a natureza, sem uso de produtos químicos, e é um dos princípios que a escola prega.

Metodologia

Este trabalho baseou-se em outros artigos realizados para participar da I Olimpíada Nacional de Povos Tradicionais, Quilombolas e Indígenas do Estado de Mato Grosso (Cardoso, 2022). Além disso, foi realizada entrevista com o professor Marcos Zilmar Cardoso, que é professor da área de Ciências Humanas da Escola Estadual Terra Nova.

Resultados e discussão

O desempenho dos estudantes é fundamental nesse projeto da escola, pois eles são os protagonistas que transformam as idealizações em práticas pedagógicas. Isso é possível graças aos professores, que são também orientadores, mestres e conselheiros. Eles fazem com que os aprendizados saiam das aulas teóricas e sejam vivenciados nos campos experimentais.

A agroecologia está presente em praticamente todas as vivências na escola, desde a alimentação dos animais até o cuidado com o solo e as plantas. Os estudantes aprendem a buscar a homeostase, o equilíbrio entre os seres vivos e o ambiente. Eles também reaproveitam a alimentação que sobra das refeições para alimentar os suínos, fazem compostagem e implantam sistemas que auxiliam na ciclagem de nutrientes. Um exemplo é o sistema silvipastoril, que consiste em integrar árvores, pastagens e animais. Esse sistema beneficia os bovinos, que recebem o sombreamento das árvores, e o solo, que fica mais fértil. Além disso, os estudantes compartilham o saber adquirido na escola com os demais colegas, o que melhora a aprendizagem de todos. Agroecologia é vida e a força do seu espírito pode ser sentida na Escola Estadual Terra Nova.

A pedagogia de alternância é outra característica da escola, que consiste em alternar uma semana em casa (Tempo Comunidade) e outra na escola (Tempo Escola). Essa metodologia de ensino permite que os estudantes coloquem em prática os conhecimentos adquiridos na escola, tanto nas salas de aula quanto nos campos experimentais. Eles aplicam essas aprendizagens na comunidade onde vivem, realizando juntamente com a família alguns projetos na propriedade que podem se tornar uma fonte de renda. Esses projetos envolvem atividades agrícolas como apicultura, suinocultura, avicultura, bovinocultura, ovinocultura, fruticultura, horticultura, entre outras. Eles empregam a agroecologia, que permite uma produção mais sustentável e viável para agricultores familiares.

Os campos experimentais são espaços onde os estudantes vivenciam os conhecimentos teóricos adquiridos em sala de aula. No total, são 14 grupos de trabalho, pelos quais os estudantes passam no decorrer dos quatro anos de formação técnica e humana na escola. Eles permanecem em um grupo durante um ciclo, que é um período de cinco alternâncias. Nesses grupos, os estudantes compreendem conceitos técnicos e humanos que estão em relevância para a agricultura sustentável atual. Eles também desenvolvem atividades que pregam o cooperativismo entre os grupos, para que todos alcancem as metas estipuladas no planejamento semanal.

A formação no Curso Técnico em Agroecologia traz amplos benefícios sociais, ambientais e econômicos para os estudantes da Escola Estadual Terra Nova. Ela permite oportunidades para entrar no mercado de trabalho, pois o ensino técnico profissionalizante proporcionado pela escola auxilia nesse âmbito na vida desses jovens. Os estudantes também desenvolvem uma visão ambiental, que os leva a ter uma postura crítica e uma opinião própria sobre as temáticas relacionadas aos problemas e aos desafios do meio ambiente. Além disso, os estudantes da escola enriquecem seus horizontes culturais e sociais ao interagir com diversas realidades, pessoas e contextos. Eles podem cultivar valores como a ética, a cidadania, a solidariedade e a diversidade.

A relação da escola com a comunidade local vai além dos conceitos predefinidos, pois é notável a evolução dos estudantes que ingressam no primeiro ano e saem no quarto ano. No final, a escola acaba lançando técnicos nas comunidades com a missão de multiplicar o conhecimento com o próximo, para que todos cresçam, não apenas em suas finanças, mas também em sabedoria, que é o princípio da prosperidade. Dessa forma, a escola gera pessoas cada vez mais ricas em conhecimento, que desenvolvem habilidades para buscar novos caminhos e beneficiar todos que estão ao seu redor.

Considerações finais

Este trabalho reforça a importância do Curso Técnico em Agroecologia da Escola Estadual Terra Nova. Os estudantes desenvolvem a vontade de continuar na terra (sucessão rural), bem como aprendem o cuidado com a terra, passam a se preocupar efetivamente com o sentido da palavra *sustentabilidade* e passam a colaborar com o futuro de uma nova geração, planejando garantir segurança alimentar para todas as pessoas com agricultura mais sustentável.

Todo esse conhecimento é muito necessário nesse momento crucial do nosso planeta em torno de tantas mudanças climáticas que são alguns processos naturais da terra, mas que são acelerados pelo homem.

Referências

CARDOSO, N. I. *et al.* A importância do grupo de ferramentas no processo pedagógico da escola agrícola Terra Nova-MT. *In*: Olimpíada Nacional de Povos Tradicionais, Quilombolas e Indígenas do Estado de Mato Grosso. **Anais [...].** Cuiabá, 2022.

O CULTIVO DA RÚCULA NO MUNICÍPIO DE NOVO MUNDO-MT

Lucas Eduardo Dociati Ritter
Luanna Isabelly de Souza da Silva
Ana Cláudia Taube Matiello
Lisanil da Conceição Patrocínio Pereira

Introdução

Este texto mostra a importância do cultivo da rúcula (*Eruca vesicaria ssp. sativa*) para o município de Novo Mundo, localizado no estado de Mato Grosso, bem como a manutenção da agricultura familiar e sucessão rural por parte dos estudantes da Escola Agrícola de Terra Nova do Norte. Os estudantes, que são bolsistas de Iniciação Científica Júnior do CNPq, de alguma forma estão desenvolvendo atividades agroecológicas em suas moradias, comentando sobre o seu plantio, os cuidados até a colheita. Na Figura 1 é possível observar a localização do município.

Figura 1 – Mapa de localização de Novo Mundo

Fonte: https://commons.wikimedia.org/w/index.php?curid=1417332 (2023)

A rúcula tem se tornado cada vez mais frequente na alimentação das pessoas, uma vez que seu amargor proporciona um sabor a mais à comida. A grande produção de rúcula provém da agricultura familiar, uma vez que esses agricultores vivem dessa modalidade de cultivo, principalmente no município de Novo Mundo, onde ocorre um grande plantio e venda. Na Figura 02 é demonstrado a rúcula plantada.

A rúcula é uma hortaliça que apresenta uma série de componentes benéficos à saúde humana, sendo, portanto, seu consumo recomendado. Além de ser fonte de fibras, é rica em ômega 3, vitaminas A e C, e sais minerais, em especial o cálcio, ferro e potássio.

A planta também apresenta efeitos anti-inflamatório e antioxidante e funciona como estimulante de apetite. No que diz respeito às propriedades medicinais da rúcula, podemos citar o uso da planta no controle de escorbuto e no tratamento de doenças pulmonares, de gases intestinais e da anemia. No Município de Novo Mundo, muitos produtores rurais tiram a sua renda da produção de rúcula, vendendo-a em feiras, mercados e até mesmo de porta em porta.

Metodologia

Para a realização deste trabalho, foram realizados alguns diálogos com moradores que são produtores de verduras, nos quais procuramos saber sobre os gastos desde as sementes, a adubação, a forma de produção, as suas pragas e meio de combatê-las, a renda e os gastos, também sobre os conhecimentos adquiridos pelos mesmos.

Resultados e discussão

No município de Novo Mundo a agricultura familiar é um dos meios de renda mais comuns. A grande maioria das produções se caracteriza pelas verduras, sendo uma das principais a rúcula.

Existem dois métodos de plantio: a semeadura em bandejas, para posteriormente serem mudadas; e o plantio direto, onde há a semeadura direto no canteiro, onde a planta permanece até a colheita. O segundo método é o mais aconselhado, já que garante maior produção.

Após a semeadura, as sementes demoram em média oito dias para germinar; cerca de quarenta dias depois, a rúcula pode ser colhida. Há pessoas que preferem consumi-la antes desse prazo, ou até mesmo depois. A planta tem grande exigência de água, visto que o mais adequado é a rega de duas vezes ao dia.

Algumas das principais pragas das hortaliças folhosas são o pulgão (Dactynotus sonchi), mosca branca (Bemisia tabaci), tripes (Thrips sp. e Frankliniella sp.), ácaro rajado (Tetranychus urticae), traça-das-crucíferas (Plutella xylostella) e as cochonilhas.

Para evitar o aparecimento dessas pragas, podem ser feitos controles preventivos, como a rotação de culturas (plantio alternado de culturas em anos sucessivos); o policultivo (cultivo de espécies diferentes no mesmo lugar); a destruição de resíduos vegetais no final da colheita; o aumento do espaçamento entre plantas (alta densidade leva a competição por luz, gerando locais mais úmidos e escuros que servem de abrigo para as pragas); a escolha da variedade de planta a ser cultivada (certas variedades de plantas são mais resistentes e tolerantes à praga); e a manutenção do equilíbrio correto de nutrientes, assim a planta suporta melhor o ataque de pragas.

Na região de Novo Mundo, a rúcula é grandemente consumida na forma de saladas, mas há também na preparação de sanduíches e receitas. Essa variedade de receitas ajuda no aumento de demanda e, consequentemente, aumento da renda para os pequenos produtores.

Considerações finais

Neste trabalho, nós exploramos o processo de cultivo da rúcula, uma hortaliça muito popular. Descobrimos como os agricultores cultivam essa planta e entendemos todo o processo de produção, desde o plantio até a colheita. Aprendemos a descomplicar e tornar mais acessível o conhecimento sobre a rúcula.

Referências

MAPAS DE MATO GROSSO. https://commons.wikimedia.org/w/index.php?curid=1417332 (2023).

SANTOS, V. S. dos. Rúcula. **Brasil Escola**. Disponível em: https://brasilescola. uol.com.br/saude/rucula.htm. Acesso em: 6 dez. 2023.

MANEJO DA CULTURA DA ALFACE AMERICANA NO MUNICÍPIO DE CLÁUDIA PARA A MANUTENÇÃO DA AGRICULTURA FAMILIAR

Eduardo Alkamin Bertoni
Ana Cláudia Taube Matiello
Lisanil da Conceição Patrocínio Pereira

Introdução

O objetivo deste artigo é demonstrar o manejo e o cuidado com o plantio de alface americana (*lactuca sativa L*) pela família do autor Eduardo Alkamin, na propriedade sítio Heloisy, localizada no município de Cláudia, no estado do Mato Grosso. A alface americana está se tornando comum no Brasil, para usar em hambúrgueres de *fast-food*, saladas, muito comercializada entre os produtores da agricultura familiar.

A família do autor sobrevive do plantio da alface em sua propriedade, tratando-se de uma agricultura familiar que visa à manutenção dos saberes do campo.

Segundo dados do Censo Agropecuário (2017), a agricultura familiar é a principal responsável pela produção de alimentos disponibilizados na alimentação brasileira, sendo constituída por pequenos produtores rurais, povos e comunidades tradicionais, assentados, pescadores, extrativistas, entre outros. Responde por 77% da produção de alimentos, gerando renda para 10 milhões de pessoas, ocupando uma área de 23% dos estabelecimentos agropecuários.

Assim, observamos a importância da agricultura familiar na alimentação da população, visto que contribui de forma significativa para isso. O município de Cláudia localiza-se próximo ao município de Marcelância, no estado do Mato Grosso, como demonstrado na Figura 1.

Figura 1 – Mapa de localização do município de Cláudia

Fonte: https://commons.wikimedia.org/w/index.php?curid=1417332 (2023)

Metodologia

Este trabalho foi elaborado a partir de diálogos com os proprietários do sítio Heloisy. Além das conversas com a família, procuramos um melhor entendimento por pesquisas na internet.

Após a obtenção de todos os dados necessários, iniciou-se a montagem do trabalho em forma de artigo científico. Ou seja, a metodologia é participante porque já fazemos parte da execução desse trabalho desde a I Olimpíada e utilizando partes do trabalho de Sousa (2022), que trata da observação participante como fator primordial para trabalhos deste nível. Conforme Cardoso, Souza, Matiello e Pereira (2023), a Olimpíada contribuiu e contribui, permitindo que estudantes escrevam sobre o tema escolhido e progridam cada vez mais em relação a esses conhecimentos, porque os temas são os da vivência, como, por exemplo, o estudo e a produção textual sobre a mecanização da área de produção leiteira na escola agrícola

Resultados e discussão

A agricultura familiar é utilizada na propriedade sítio Heloisy, uma vez que o método de plantio e colheita é feito pela própria família. Antes de iniciar a produção, as mudas são plantadas em bandejas de forma de semeadura, onde ficam cerca de 23-38 dias antes de serem transplantadas. Após esse processo, as mudas são plantadas em canteiros adubados com espaçamento de 20 a 30 centímetros, onde as mudas adequadas crescem em 96 dias, saudáveis e prontas para o consumo, como é observado na Figura 2.

Figura 2 – Alfaces da propriedade da família

Fonte: Bertoni (2023)

Após a colheita da alface americana, ela é consumida pelos próprios produtores da comunidade e a família. Quando surge um comprador, eles vendem ou levam para alguma cidade próxima para comercialização em feiras, principalmente contribuindo na renda familiar.

Considerações finais

Neste trabalho, é possível ter uma ideia de como os produtores produzem a alface americana e, consequentemente, de como ela é produzida. Com este trabalho, o autor teve a oportunidade de expressar um pouco sobre a sua produção familiar.

Referências

CARDOSO, I. N.; SOUZA, G. S. de; MATIELLO, A. C. T.; PEREIRA, L. da C. P. A mecanização leiteira na Escola Estadual Terra Nova: um relato de experiência da II Mostra científica e I Olímpiada Nacional de Povos Tradicionais, Quilombolas e indígenas. **Revista de Comunicação Científica – RCC**, v. I, n. 12, p. 295-306, maio/ago. 2023. Disponível em: https://periodicos.unemat.br/. Acesso em: 25 nov. 2023.

IBGE. Instituto Brasileiro de Geografia e Estatística. **Censo Agropecuário de 2017**. (Resultados preliminares). Rio de Janeiro: IBGE, 2018.

MAPAS DE MATO GROSSO. https://commons.wikimedia.org/w/index.php?curid=1417332 (2023).

SOUSA, A. Q. Relato de experiência sobre a construção do conhecimento proporcionado pela Escola Agrícola Terra Nova. *In:* MOSTRA CIENTÍFICA, 2.; OLIMPÍADA NACIONAL CIENTÍFICA DE POVOS TRADICIONAIS, QUILOMBOLAS E INDÍGENAS: A TRANSVERSALIDADE DA CIÊNCIA, TECNOLOGIA E INOVAÇÕES PARA O PLANETA, 1., 2022, São Paulo. **Anais [...]**. São Paulo: Faesp, 2022. Disponível em: https://www.youtube.com/channel/UCiU9Ddx0iQ6qL1DaXME8CEw/streams. Acesso em: 7 ago. 2023.

A IMPORTÂNCIA DA AGRICULTURA FAMILIAR PARA AS FAMÍLIAS DOS MUNICÍPIOS DE CLÁUDIA E NOVO MUNDO

Eduardo Alkamin Bertoni
Lucas Eduardo Dociati Ritter
Luanna Isabelly de Souza da Silva
Barbara Bonet Bortolini Machado
Ana Cláudia Tube Matiello
Lisanil da Conceição Patrocínio Pereira

Introdução

Este artigo demonstra a vivência dos bolsistas de Iniciação Científica Júnior e estudantes da Escola Estadual Terra Nova, também conhecida como Escola Agrícola. Reflete sobre suas respectivas comunidades – Cláudia, Cristalino do Norte e Nova Conquista 2, que se encontram no município de Novo Mundo –, enfatizando a relevância delas para a agricultura familiar nos municípios próximos, especialmente para a manutenção das famílias rurais.

Na Figura 1, temos a localização dos municípios de Cláudia e Novo Mundo em respectiva ordem, ajudando na identificação e localização desses municípios para este estudo.

Figura 1 – Localização dos municípios de Cláudia e Novo Mundo

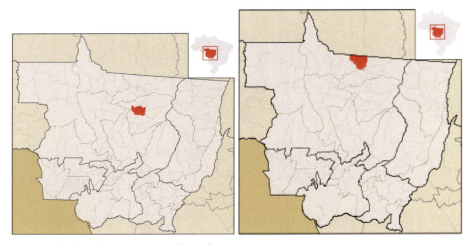

Fonte: Cidades do Mato Grosso (2022)

A agricultura familiar é toda atividade de cultivo de terra administrada por uma família, que emprega como trabalhadores os membros da mesma. A produção dos alimentos acontece em pequenas propriedades, que são comercializados tanto no mercado interno como para o mercado externo do Brasil. A agricultura familiar é de grande importância social e econômica, responsável pelo abastecimento de alimentos no Brasil e no mundo. Esta importante parcela de trabalhadores rurais foi excluída das políticas de desenvolvimento elaboradas para a produção das grandes propriedades, e sofre com a demanda da competividade e desafios da globalização (Bertolini; Filho; Mendonça, 2020).

No Brasil, a agricultura familiar ocupa uma extensão de área de 80,9 milhões de hectares, ainda estando presente em quase 85% das propriedades rurais do país. Ainda que seja uma atividade muito importante para o sustento de diversas famílias que vivem no campo, dados apontam que cerca de 70% dos alimentos consumidos no Brasil são da agricultura familiar (Bertolini; Filho; Mendonça, 2020).

Na década de 1990, o poder político da época reconheceu o trabalho e a importância dos pequenos produtores, e estabeleceu o Decreto-Lei n.º 1.946, no ano de 1995, com a criação do Programa Nacional de Agricultura Familiar (Pronaf). Esse programa estabelece recursos para o pequeno produtor, assim podendo investir na sua propriedade, para o desenvolvimento do agronegócio, com baixas taxas de juros.

Metodologia

Este trabalho foi desenvolvido por meio de entrevistas com agricultores familiares. Além de entrevistarmos essas famílias, buscamos também um maior entendimento por meios de pesquisas pela internet. Após termos em mãos todos os estudos necessários, nos reunimos para a montagem do nosso trabalho em forma de artigo científico.

Resultados e discussão

A agricultura familiar é indispensável para a segurança alimentar, uma vez que ela se preocupa com a produção orgânica, sem o uso de herbicidas ou agrotóxicos. As caldas orgânicas, preparadas de forma caseira, contêm produtos naturais que repelem invasores indesejados. A agricultura familiar também é extremamente conhecida pelo seu desenvolvimento sustentável, pois todos, ou quase todos, os alimentos consumidos pela família são produzidos na própria propriedade e com sua própria mão de obra, destacando o cooperativismo familiar.

Observe na Figura 2, o plantio de uma muda de alface, que representa a mão de obra na agricultura familiar.

Outros exemplos de sustentabilidade são o uso de restos de alimentos para a adubação, reutilização de água e a criação de animais, que, muitas vezes, são realizadas de forma sustentável. É de suma importância promover políticas públicas para que haja auxílio para os agricultores, que sofrem muitos prejuízos pela falta de conhecimento e informação. Também há preconceitos, os quais acontecem com os agricultores pela falta de conhecimento da população, por acreditar que os agricultores são inferiores aos trabalhadores urbanos, quando, na realidade, são os responsáveis por produzir alimentos para os mesmos.

Os estudantes responsáveis pelo trabalho realizaram entrevistas com agricultores familiares. Para isso, montaram oito perguntas para serem realizadas.

As perguntas foram as seguintes:

Conhece algo sobre agricultura familiar?

Quais são as culturas utilizadas?

Há quanto tempo mora na zona rural?

Onde os seus produtos são comercializados?

Conhece alguma cooperativa relacionada com a agricultura familiar?

Recebe algum auxílio de alguma cooperativa?

Quais os benefícios das culturas utilizadas na propriedade?

Quais são os ganhos e benefícios que a cooperativa lhe traz?

De acordo com os entrevistados, agricultura familiar é uma forma de vida, onde você planta e colhe o seu próprio sustento, da forma mais saudável possível, é também de onde você tira sua renda com a venda dos próprios produtos.

Os entrevistados também relataram que, em sua propriedade, há uma grande variedade de cultivos, como acerola, cupuaçu, laranja, limão, manga, coco, hortaliças, como alface, rúcula, salsinha, batata, entre outros. Também são criadas aves, tais como frangos, e suínos, que se alimentam com os produtos da própria propriedade. Os entrevistados disseram que vivem na zona rural desde a infância, com os pais, onde aprenderam muito.

Os agricultores relatam que os seus produtos são comercializados em feiras, escolas e entre outros moradores. Sobre as cooperativas, os entrevistados são cooperados por algumas cooperativas, por exemplo, a Coopervia, que acompanha e organiza as vendas dos produtos. Também auxilia com o uso de maquinários.

Conforme os agricultores, os benefícios que recebem são uma saúde melhor, melhor qualidade de vida, e mais confiança na alimentação.

De acordo com todos os estudos, pesquisas e entrevistas realizados, percebemos quão importantes os agricultores familiares são para a sociedade. Alimentam a maioria do país, e mesmo assim continuam esquecidos, ignorados pelas políticas públicas.

Considerações finais

Neste trabalho é possível conhecer e analisar a luta do dia a dia dos agricultores, a batalha constante por reconhecimento na sociedade. Com este estudo, obtivemos o conhecimento de políticas públicas relacionadas com a agricultura familiar.

Referências

BERTOLINI, M M.; FILHO, P. L. P.; MENDONÇA, S. N. T. G. de. A importância da agricultura familiar na atualidade. **CIAGRO** – Congresso Internacional da Agroindústria, 25 a 27 de setembro, 2020. Disponível em: https://ciagro.institutoidv.org/ciagro/uploads/1520.pdf. Data de acesso: 29 set. 2023.

BRASIL. Decreto n.º 1.946, de 28 de junho de 1996. Cria o Programa Nacional de Fortalecimento da Agricultura Familiar – PRONAF, e dá outras providências. **Diário Oficial da União**, Brasília, DF, 1 jul. 1996.

MAPAS DE MATO GROSSO. https://commons.wikimedia.org/w/index.php?curid=1417332 (2023).

HORTA PEDAGÓGICA E OS SABERES DO CAMPO

Priscila da Silva Prado
Kaic Pereira da Cunha
Francisco Assis de Assunção
Samtina Carme da Silva

Introdução

Este trabalho é desenvolvido pela Escola Estadual José de Lima Barros, Distrito de Faval, situada no município de Nossa Senhora do Livramento-MT, que possui uma área de terra propícia ao cultivo de uma horta, para o plantio de banana, cana, arroz, milho e cultivo de árvores frutíferas.

A comunidade onde a Unidade Escolar se encontra inserida é basicamente da Agricultura Familiar, dentro de pequenas propriedades e trabalhos em fazendas. Além disso, a escola se encontra na zona rural do município, o que pode despertar o interesse pela sustentabilidade com o cultivo da terra. Nessa perspectiva, a implementação de atividades como horta, disciplinas de agroecologia e a ciência e saberes do campo possibilitam à comunidade escolar entender melhor o meio em que vive, a necessidade de uma alimentação saudável e o uso adequado da terra, está sendo utilizada no espaço ocioso da escola, e cada um dos alunos também faz o cultivo em suas casas.

Destacamos a importância de valorizar os saberes do campo e promover uma educação contextualizada e significativa, pois nós devemos saber e jamais esquecer que a agricultura orgânica não utiliza fertilizantes sintéticos, queimadas, agrotóxicos ou organismos geneticamente modificados. Em seu lugar são utilizados estercos, rotação de cultura, adubação verde e compostagem, para evitar o esgotamento do solo. O controle de pragas e doenças é feito por meio de controle biológico e produtos naturais.

Figura 1 – Mosaico de atividades sobre a horta escolar

Fonte: pesquisa de campo (2023)

Metodologia

Esta horta foi criada para implantação, cultivo e colheita com duração permanente para que venha suprir necessidades cotidianas da comunidade escolar, das famílias dos estudantes, ficando à disposição dos amigos companheiros da escola, pois tem a participação direta e ativa dos alunos durante a semana, integrantes da unidade escolar na manutenção e preservação do meio ambiente, sem que tenha agressões onde esses alunos vivem.

Os agricultores familiares, os extrativistas, os pescadores artesanais, os ribeirinhos, os assentados e acampados da reforma agrária, os trabalhadores assalariados rurais, os quilombolas, os caiçaras, os povos da floresta, os caboclos e outros que produzam suas condições materiais de existência a partir do trabalho no meio rural, todos esses povos aqui citados são portadores de saberes adquiridos ao longo da sua existência, conhecimentos esses passados de pais para filhos, de geração para geração, e nesse sentido a escola jamais poderá negá-los.

Resultados e discussão

A criação da horta orgânica na escola proporciona aos estudantes o relaxamento e ocupação por meio do trabalho em equipe e manejo da terra e estimula a valorização social, bem como o voluntariado e o envolvimento deles na condução e preparação da horta. Além disso, tem o intuito de melhorar a alimentação e a saúde e o costume de consumir alimentos saudáveis e livres de agrotóxicos e resíduos químicos, resgatando assim, junto à comunidade, o hábito de produção e consumo desses alimentos.

Considerações finais

Concluímos que este trabalho foi demonstrar a importância da educação ambiental, a preocupação com a alimentação saudável, e a possibilidade de se aderir e concretizar a perspectiva da junção da educação com a busca pela qualidade de vida, o bem-estar e a preservação do meio ambiente.

Referências

ANTUNES, R. **O caracol e sua concha**: ensaios sobre a nova morfologia do trabalho. São Paulo: Boitempo, 2005.

25

HORTA ESCOLAR NA E. E. PROFESSORA HILDA ROCHA SOUZA, EM SÃO FÉLIX DO ARAGUAIA: SABERES E FAZERES

Ivanilton Ferreira Costa
Fábia Fernandes
Lisanil da Conceição Patrocínio Pereira

Introdução

O projeto Horta Escolar Plantando Saberes na Escola Estadual Professora Hilda Rocha Souza tem o objetivo de promover atividades escolares e educação ambiental no dia a dia dos estudantes. O projeto da horta tem conseguido mudanças na cultura da comunidade no que se refere à educação alimentar e a qualidade de vida, sobretudo utilizando a horta como um laboratório natural para tais mudanças. A alimentação com o passar do tempo sofre alterações (Martinelli; Cavalli, 2019).

O cultivo de alimentos próprios de maneira adequada dispensa o uso de agrotóxicos, e reduz o consumo de produtos transgênicos (Simonetti; Lopes; Oliveira, 2017).

A Educação Ambiental tem sido base para as atividades voltadas à qualidade de vida da comunidade escolar e local, como também promotora dos princípios para uma Educação Libertadora. A horta trabalhada no ambiente escolar torna-se um laboratório vivo que possibilita o incremento de diversas atividades pedagógicas em Educação Ambiental e Alimentar, unindo teoria e prática de forma contextualizada (Morgado, 2006).

Nas aulas de Ciências no ensino fundamental os estudantes têm a oportunidade de conhecer os fenômenos naturais que estão ao seu redor, podendo propiciar relações com o meio em espaços do seu cotidiano. A biodiversidade pode ser trabalhada como um todo, partindo desde a observação das funções no processo de aprendizagem (Morgado, 2006).

Freire (2011) entende que o professor sempre tem que considerar os conhecimentos prévios dos estudantes, dialogando e orientando-os a serem protagonistas de sua própria aprendizagem. Assim, este trabalho teve o objetivo de estudar como a horta na escola contribui com a educação ambiental, sensibilizando os estudantes e a comunidade em seu entorno por meio da horta escolar.

Horta Escolar Plantando Saberes na Escola Estadual Professora Hilda Rocha Souza

O projeto Horta Escolar desenvolvido na E. E. Professora Hilda Rocha Souza, no município de São Félix do Araguaia-MT, partiu do interesse da gestão escolar e foi iniciado no ano de 2023. Em fevereiro iniciou-se com apresentação do projeto aos estudantes, profissionais e comunidade escolar. As atividades práticas tiveram um atraso devido às intensas chuvas na região. Quando o período chuvoso amenizou, começaram as atividades de construção dos canteiros e consequentemente as instruções para os estudantes sobre as primeiras hortaliças a serem plantadas.

As metodologias foram alinhadas com as habilidades trabalhadas em sala de aula, os componentes curriculares e os estudantes que possuem conhecimentos prévios sobre alguns manejos de hortaliças desenvolvidos em casa e com familiares. As parcerias da Prefeitura Municipal, Empresa de Assistência Técnica do Estado de Mato Grosso (Empaer) e Promotoria de Justiça foram fundamentais para as primeiras orientações e execução do projeto.

Ações desenvolvidas

Inicialmente foi realizada a apresentação do Projeto Horta Escolar Plantando Saberes para os educadores, estudantes e comunidade escolar para implementação da horta. Expusemos os objetivos do trabalho focando na horta como ambiente pedagógico de estudo no campo prático. Realizamos minipalestras com a participação de nossos parceiros, elencando os manejos de solo e cultivo de hortaliças, sempre procurando dialogar com os conceitos sobre o meio ambiente em estudo. Momentos como rodas de conversa com os alunos para alinhamento das atividades a serem desenvolvidas foram tornando-se importantes para o melhor entendimento.

Após, houve a medição da área onde seria implantada a horta pelos estudantes. Alinhamos orientações teóricas com parcerias, dentre elas tivemos várias visitas do técnico agrícola da Empaer e da Secretaria de Agricultura da prefeitura. Esses profissionais sugeriram e apontaram orientações de plantio e preparação do solo. O Ministério Público contribuiu com fornecimento de matérias para implementação da Horta Escolar, momento este que foi oportuno para começar parte dos trabalhos pedagógicos, alinhando teoria e prática. Os trabalhos pedagógicos foram executados com os componentes curriculares focando na nutrição e alimentação, mostrando as qualidades nutricionais como complemento da merenda escolar.

Durante as atividades práticas, foram disponibilizadas aos estudantes sementes de hortaliças. Eles realizaram a preparação de mudas utilizando a bandeja em células, semeando e acompanhando o desenvolvimento do processo de germinação e consequentemente a produção de mudas.

As mudas depois são transplantadas nos canteiros. Houve vários diálogos com os alunos sobre a importância das sementes para as plantas. A preparação do solo foi outro momento grandioso na construção da horta, pois foi um dos momentos em que os estudantes tiveram a oportunidade de ter o contato direto com o solo e adubos, tornando-se uma das atividades que quebrou paradigmas em alguns alunos, que relataram jamais ter manejado um esterco para preparação do solo.

Paralelo a essas atividades, surgiu uma brilhante ideia sustentável, a confecção de coletores de água do ar-condicionado feitos com canos em PVC 100 mm. Diante disso, foram confeccionados tubos coletores da água do ar-condicionado para reaproveitamento na horta. Os tubos foram instalados nas salas de aula próximo dos aparelhos de ar-condicionado para reaproveitamento da água. Todos os dias são retirados dos coletores em torno de 100 litros de água, toda ela vai para os regadores da horta.

Ao final dessas ações, os estudantes prepararam a horta escolar da Escola Estadual Professora Hilda Rocha Souza. Os canteiros produziram rúcula, alface, cebolinha, coentro, salsa, beterraba e couve. Essas produções foram acompanhadas pelos estudantes obedecendo a um cronograma de manutenção da horta.

Este projeto proporcionou várias descobertas, desde a preparação do solo ao plantio da primeira muda, registrando em nossos estudantes momentos marcantes na vida acadêmica e grandes experiências no ambiente escolar. Portanto, nossos estudantes têm registrado momentos únicos em cada visita ao espaço pedagógico da Horta Plantando Saberes. Nos momentos de colheita, alguns alunos puderam levar para casa as produções em excesso, o que demonstra um incentivo a continuar com o trabalho em casa ou em sua comunidade.

Portanto, os estudantes tornaram-se protagonistas de seu conhecimento, tanto na compreensão ecológica, vivenciando uma dinâmica envolvendo os seres vivos formando uma rede de interação, quanto na nutrição inserida na merenda escolar.

Os profissionais foram fundamentais para a realização do projeto. Desde as ideias levantadas em reuniões pedagógicas, a sua aplicação na manutenção da produção e o engajamento dos estudantes nesse processo, auxiliando no cultivo das hortaliças.

A Horta Escolar Plantando Saberes na Escola Estadual Professora Hilda Rocha Souza dinamizou o ambiente escolar, demonstrando a importância deste laboratório vivo no contexto escolar. Atividades interdisciplinares surgem com naturalidade no desenvolvimento do projeto, onde as áreas podem trabalhar suas habilidades em paralelo com a execução da prática no campo de estudo.

Considerações finais

Os resultados obtidos até o presente momento nos permitem afirmar que o projeto Horta Escolar Plantando Saberes na Escola Estadual Professora Hilda Rocha Souza foi efetivo no que diz respeito à sensibilização ambiental. A produção de hortaliças sem o uso de insumos químicos sustentou um conjunto de princípios que fundamentou a teoria e prática. As abordagens teóricas trabalhadas e construídas ao longo do projeto mostraram que o ensino de Ciências proporciona um conhecimento único, alinhando habilidades no seu desenvolvimento.

A sustentabilidade ficou evidente no reuso da água proveniente dos aparelhos de ar-condicionado das salas de aula da escola, onde tivemos um custo-benefício baixo e de fácil instalação pelos estudantes. Nesse sentido o trabalho individual e coletivo favorece a instituição e meio ambiente, evitando grandes desperdícios de água todos os dias.

Portanto, a compreensão relacionada com a prática desperta atitudes nunca vistas ou imaginadas no processo de preparação e cultivo de hortaliças. O ressignificar pedagógico dá a oportunidade, alinhada a metodologias ativas, para o estudante protagonizar momentos únicos essenciais para toda vida. O ensino-aprendizagem se torna plausível com grandes resultados compreendidos pelos estudantes, desenvolvendo emoções, sentimentos e sensações de gratidão.

Referências

FREIRE, P. **Pedagogia da autonomia**: saberes necessários à prática educativa. São Paulo: Paz e Terra, 2011.

MARTINELLI, S. S.; CAVALLI, S. B. Alimentação saudável e sustentável: uma revisão narrativa sobre desafios e perspectivas. **Ciência & Saúde Coletiva**, Rio de Janeiro, v. 24, n. 11, nov. 2019. DOI: 10.1590/1413-812320182411.30572017. Disponível em: https://scielo.br/j/csc/a/z76hs5QXmyTVZDdBDJXHTwz/?lang=pt. Acesso em: 2 out. 2023.

MORGADO, S. F. **A horta escolar na educação ambiental e alimentar**: experiência do Projeto Horta Viva nas escolas municipais de Florianópolis. 2006. 45f. Trabalho de conclusão do curso (Graduação em Agronomia) – Universidade Federal de Santa Catarina, Florianópolis, 2006.

SIMONETTI, E. R. S.; LOPES, S. R.; OLIVEIRA, A. C. S. Relato de experiência: projeto de extensão agricultura urbana, hortas orgânicas com materiais recicláveis em pequenos espaços. **Revista Craibeiras de Agroecologia**, Rio Largo, v. 1, n. 1, 2017. Disponível em: https://www.seer.ufal.br/index.php/era/article/view/3656. Acesso em: 1 out. 2023.

26

SABERES E FAZERES EM HORTA ESCOLAR EM JANGADA-MT

Wagner Antônio dos Santos Lima
Lisanil da Conceição Patrocínio Pereira

Introdução

Levando em consideração que a escola atende jovens rurais vindos de sete comunidades tradicionais que tem como base econômica a agricultura e agricultura familiar, fez-se necessário abordar temas relacionados a essa atividade.

A pesquisa teve como objetivo geral descrever o processo de implementação da horta escolar na Escola Estadual Arnaldo Estevão de Figueiredo, Jangada-MT. E objetivos específicos: verificar se os professores perceberam o despertar de interesse nos estudantes e se os profissionais da escola se mostraram dispostos a contribuir no processo de implementação da horta.

A pesquisa foi desenvolvida em três fases previamente elaboradas. Na primeira realizamos o levantamento bibliográfico acerca do tema abordado. A segunda fase é constituída da pesquisa de campo com a utilização de entrevistas. A terceira e última fase é análise de dados que culmina com a redação final do trabalho.

A agricultura familiar

A agricultura familiar é a prática do cultivo da terra onde os integrantes da família proprietários de uma área de terras, que geralmente é de pequeno porte, trabalham juntos com a missão de obter dali o sustento de todos, seja consumindo a produção, parte dela, ou com a remuneração obtida com a sua venda.

Ao atuarem nessa modalidade, as famílias almejam que todos os seus integrantes possam viver única e exclusivamente dos resultados obtidos nesse processo, que, nos tempos atuais, está atrelado ao capitalismo, podendo ser chamada também de produção familiar modernizada.

O termo *produção familiar modernizada* está caracterizado a seguir por Sorj e Wilkinson (2008, p. 255), que afirmam que:

> Na luta para se preservar como produção familiar economicamente viável, esta deve aceitar as imposições que o sistema agroindustrial lhe coloca, e que na medida que as aceite vão modificando suas determinações, as bases de seu funcionamento, a sua especificidade material e ideológica, transformando-se crescentemente num agente integrado na sociedade capitalista.

É evidente que nem sempre é possível que todos os integrantes da família vivam com a renda da produção familiar. Infelizmente a ausência da sucessão familiar no campo tem contribuído com a saída de agricultores do campo, para a busca de trabalho e realização dos seus objetivos nas cidades.

Com relação a isso, Castro, Sarmento, Vieira e Lima (2013, p. 14) salientam que:

> As dificuldades que o jovem enfrenta são ainda maiores para as moças e moços que vivem no campo, que vamos chamar a partir de agora de jovens rurais. A boa notícia é que as necessidades da juventude rural estão sendo vistas como muito importantes pelos políticos e gerentes do governo o que pode mudar para melhor as políticas públicas feitas para estes jovens. A tendência do jovem rural a deixar o campo, saindo quase sempre para uma cidade próxima, vem ocorrendo desde 1940. Este fato foi analisado em detalhe por estudiosos brasileiros e continua a acontecer nos dias de hoje.

Todos têm o direito de sair em busca de uma vida melhor, e, com os jovens rurais, não poderia ser diferente. No entanto, muitas vezes a busca pode não surtir o efeito esperado.

Sobre os efeitos dessa saída, Castro, Sarmento, Vieira e Lima (2013, p. 15) consideram que:

> A saída de muitas pessoas do campo para as cidades (especialmente jovens) não foi boa para o país, para o campo e para as cidades, e possivelmente também não foi bom para os jovens rurais que deixaram para trás suas comunidades.

> Neste período, aumentaram as favelas em quase todas as grandes cidades brasileiras. Para a agricultura familiar (e também para o país), seria melhor que pudesse continuar a fazer o seu trabalho nas suas comunidades e que existissem condições para que seus filhos pudessem casar, constituir famílias e se manter com dignidade no campo.

Produtos orgânicos da agricultura familiar

Não é de hoje que os hábitos alimentares têm sido motivo de estudos e discussões, principalmente entre integrantes da comunidade médica e científica. Esses pesquisadores, com base em estudos, pesquisas e resultados, emitem alertas à comunidade em geral sobre benefícios e malefícios proporcionados por determinados alimentos.

Frequentemente, alguns alimentos são relacionados como causadores de doenças, quando estes são alimentos agrícolas, a relação com doenças está ligada à maneira como são cultivados, ou seja, quanto mais produtos químicos forem utilizados no processo de produção, maior o risco a saúde. Está claro então que, a depender da frequência e da quantidade de produtos químicos utilizados, tais como agrotóxicos, defensivos, pesticidas e fertilizantes, maior o grau de nocividade dos alimentos.

No entanto, existem alternativas para que as pessoas possam se alimentar com produtos saudáveis. Em se tratando de produtos agrícolas, temos a produção de alimentos orgânicos.

De acordo com o Ministério da Agricultura e Pecuária, considera-se produto orgânico aquele que é obtido em um sistema orgânico de produção agropecuária ou oriundo de processo extrativista sustentável e não prejudicial ao ecossistema local. Para serem comercializados, os produtos orgânicos deverão ser certificados por organismos credenciados no Ministério da Agricultura. A produção orgânica tem por objetivo o cultivo de alimentos que se utilizem de métodos sustentáveis, de maneira que todo o processo, desde o preparo da terra até a colheita, garanta a preservação do meio ambiente, a saúde de quem produz e de quem consome. As boas práticas também remetem ao bem-estar dos animais no processo de criação.

A seguir temos registro da alimentação que é feita na escola para os estudantes.

Figura 1 – Refeição preparada com produtos da horta

Fonte: registros feitos por um dos servidores da E.E. Arnaldo Estevão de Figueiredo

Considerações finais

A horta escolar tem papel pedagógico na escola, não só para ensinar sobre a produção orgânica, mas também ensinar a importância da alimentação orgânica. Também ajuda na valorização da agricultura familiar, bem como orienta sobre de onde vêm os produtos da merenda escolar.

Referências

BRASIL. Ministério da Agricultura e Pecuária. **O que são produtos orgânicos**. Disponível em: https://www.gov.br/agricultura/pt-br/assuntos/sustentabilidade/organicos/o-que-sao-produtos-organicos. Acesso em: 23 nov. 2023.

CASTRO, Antonio Maria Gomes de; SARMENTO, Eduardo Paulo de Moraes; VIEIRA, Luis Fernando; LIMA, Suzana Maria Valle. **Juventude rural, agricultura familiar e políticas de acesso à terra no Brasil**. Ministério do Desenvolvimento Agrário. 2013. Disponível em: https://www.gov.br/mda/pt-br/acervo-nucleo-de-estudos-agrarios/nead-estudos-1/1-juventude-rural-agricultura-familiar-e-po-liticas-de-acesso-a-terra-no-brasil.pdf. Acesso em: 14 ago. 2024.

SORJ, B.; WILKINSON, J. Processos sociais e formas de produção na agricultura brasileira. *In:* SORJ, B.; ALMEIDA, M. H. T. (org.). **Sociedade e política no Brasil pós-64** [online]. Rio de Janeiro: Centro Edelstein de Pesquisas Sociais, 2008.

27

REFLEXÕES SOBRE A HORTA DA ESCOLA OSCAR SOARES, DA CIDADE DE JUARA-MT

Isabela Diniz dos Santos
Luiz Eduardo Brito Correia
Meire Cardoso Ferreira
Lisanil da Conceição Patrocínio Pereira

Introdução

Este trabalho apresenta um relato de experiência meticulosamente preparado por Isabela Diniz dos Santos, uma dedicada estudante da Escola Estadual Oscar Soares, situada em Juara, Mato Grosso. Isabela vislumbrou uma oportunidade ímpar de participação na II Olimpíada Nacional e III Mostra Científica de Povos Tradicionais, Quilombolas e Indígenas de Mato Grosso, evento esse divulgado pelo professor Luiz Eduardo, que é um dedicado professor no projeto da horta agroecológica nessa escola.

A Escola Estadual Oscar Soares tem sido como um viveiro de inovação e consciência ambiental, graças à introdução do projeto de horta agroecológica. Este projeto não apenas enriquece o currículo educacional oferecido pela escola, mas também contribui para que os estudantes tenham cuidado com o ambiente, tendo a consciência que a horta ajuda no clima mais ameno, temas deste mundo contemporâneo que impõe cuidados ambientais.

De acordo com Mazzeti (2020, p. 55), "as hortas escolares são importantes instrumentos de educação ambiental, permitindo trabalhar princípios de sustentabilidade de forma prática e interdisciplinar". Assim, o projeto da horta intermedeia conhecimentos sobre o cuidado com o ambiente e com a alimentação saudável. A horta escolar é então um instrumento de educação ambiental e ressalta a consciência ecológica desde cedo.

Metodologia

Este trabalho buscou referenciais teóricos que pudessem fundamentá-lo. Os descritores utilizados incluíram termos como *hortas escolares*, *educação ambiental, sustentabilidade* e *aprendizagem*. Conforme Gil (2019), o relato consiste em uma exposição crítica de uma vivência, contextualizando-a e analisando-a à luz de referenciais teóricos.

Além dos materiais bibliográficos, também foi realizada uma entrevista semiestruturada com o professor responsável pelo projeto da horta na Escola Estadual Oscar Soares. A entrevista teve como objetivo conhecer os detalhes de implementação, organização e manutenção da horta na escola, assim como a percepção do professor sobre os resultados e benefícios da iniciativa. Foram abordados temas como estrutura física, participação dos estudantes, integração curricular, melhorias necessárias, expectativas quanto ao projeto, entre outros pontos relevantes.

Resultados e discussão

A horta agroecológica desta escola tem valor educativo e contribui com a transmissão de conhecimentos práticos. No entanto, tem limitações na estrutura física disponível que prejudicam o pleno desenvolvimento do projeto.

Mazzeti (2020) referenda que as hortas pedagógicas são ferramentas de educação ambiental e instrumentos para trabalhar princípios de sustentabilidade de modo interdisciplinar.

Figura 1 – Horta da Escola Estadual Oscar Soares

Fonte: os autores (2023)

Na Figura 1, temos as imagens da horta e do professor Luiz Eduardo, que é o responsável pelo espaço. Santos (2022, p. 44) ensina que "as hortas pedagógicas nas escolas possibilitam desenvolver o pensamento crítico dos estudantes sobre questões socioambientais e alimentares". E é na esteira desse ensinamento que a escola, sob a liderança do professor Luiz Eduardo, tem trabalhado.

Figura 2 – Hortaliças da horta

Fonte: os autores (2023)

O trabalho aponta para a necessidade de reflexão sobre o projeto da horta escolar em termos de estrutura e alcance pedagógico.

Considerações finais

Esta horta escolar agroecológica contribui com a percepção crítica sobre a vivência prática de atividades educativas para motivar o interesse dos estudantes em construir conhecimentos.

Referências

GIL, A. C. **Como elaborar projetos de pesquisa**. 6. ed. São Paulo: Atlas, 2019.

MAZZETI, A. L. S. **Horta escolar como instrumento de educação ambiental**. 2020. 55 f. Trabalho de conclusão de curso (Graduação em Ciências Biológicas) – Universidade Federal de Juiz de Fora, Juiz de Fora, 2020.

SANTOS, C. R. dos. **A importância da horta escolar na educação ambiental**. 2022. 183 f. Dissertação (Mestrado em Educação para a Ciência) – Instituto Federal de Educação, Ciência e Tecnologia do Rio Grande do Sul, Bento Gonçalves, 2022.

HORTA AGROECOLÓGICA NA ESCOLA ESTADUAL OSCAR SOARES, MUNICÍPIO DE JUARA-MT

Jhonata Landgraf Machado
Rudson Mateus Dante Lopes
Wesley Vitor Friske da Silva
Luiz Eduardo Brito Correia
Meire Cardoso Ferreira
Lisanil da Conceição Patrocínio Pereira

Introdução

O presente trabalho apresenta e analisa uma experiência educacional realizada na Escola Estadual Oscar Soares, onde alunos, sob orientação docente, implementam e gerenciam uma horta agroecológica no pátio da instituição. Esse espaço verde não apenas transforma o ambiente escolar, mas serve como laboratório vivo para a aprendizagem ativa e significativa, estreitando a relação entre teoria e prática e proporcionando uma compreensão profunda e integrada dos princípios da agroecologia, sustentabilidade e responsabilidade ambiental.

A alimentação adequada e saudável é um direito humano básico e essencial para a qualidade de vida. Nesse contexto, a Educação Alimentar e Nutricional (EAN) tem se destacado como uma estratégia importante para promover a segurança alimentar e nutricional, especialmente entre crianças e adolescentes (Brasil, 2012). A EAN envolve práticas e iniciativas nos ambientes escolares que visam proporcionar conhecimento sobre alimentação saudável e sustentável, valorizando os hábitos regionais e culturais.

Dentre as atividades que podem ser realizadas com enfoque em EAN nas escolas, as hortas educativas têm grande potencial de ensino-aprendizagem, permitindo aliar teoria e prática de forma lúdica e integrada ao currículo (Silva *et al.*, 2018). A horta escolar funciona como laboratório vivo, estimulando o contato com o cultivo de alimentos e propiciando vivência com o preparo da terra, plantio, tratos culturais, manejo e colheita (Soares *et al.*, 2017).

Além de atividades práticas, a horta viabiliza o ensino de conceitos nas diversas disciplinas, como Ciências, Geografia, Matemática, Artes e Língua Portuguesa. A interdisciplinaridade é facilitada pelo ambiente da horta, que desperta curiosidade e interesse natural dos estudantes (Fonseca *et al.*, 2019). Nessa perspectiva de ensino integral e integrado, a horta escolar se consolida como importante recurso pedagógico.

Caracterização da área de estudo

A Escola Estadual Oscar Soares está inserida em um contexto educacional que reconhece a importância de práticas pedagógicas inovadoras e sustentáveis. A horta agroecológica, situada no pátio da escola, serve como um espaço de aprendizado prático e reflexão sobre temas ambientais, biológicos e ecológicos, promovendo uma consciência crítica e responsável nos estudantes.

Metodologia

A pesquisa adota uma metodologia qualitativa e participativa, envolvendo observação direta das atividades realizadas na horta, registros fotográficos e entrevistas com os estudantes participantes. O acompanhamento contínuo das práticas e interações no espaço da horta permite uma análise detalhada dos processos de aprendizagem, engajamento dos alunos e impactos educacionais e ambientais gerados pela iniciativa.

A metodologia de ensino-aprendizagem proporcionada pela horta educativa tem como princípio a aprendizagem ativa, na qual os estudantes participam das atividades de forma prática, desenvolvendo autonomia e protagonismo (Swandson, 1999). Essa abordagem construtivista diverge do ensino tradicional, baseado na transmissão vertical de conhecimento. A horta viabiliza uma pedagogia ativa e dialógica, na qual educador e educandos constroem o conhecimento por meio da ação-reflexão-ação.

Resultados e discussão

A análise dos resultados das atividades realizadas na horta educativa e durante as aulas de educação agroecológica permite tecer algumas considerações relevantes.

Inicialmente, observou-se que a degradação do solo e o abandono da horta limitavam seu potencial pedagógico antes da intervenção. Após o aporte de matéria orgânica via compostagem e as atividades de revitalização, a horta passou a apresentar condições adequadas para o cultivo e para se consolidar como ambiente educativo.

Figura 1 – Os alunos da escola trabalhando na horta agroecológica

Fonte: autoria própria (2023)

Em relação ao engajamento dos estudantes, notou-se grande interesse e participação durante as atividades, embora em alguns momentos a euforia tenha causado certa dispersão. Porém, o balanço geral foi positivo, com a horta e as aulas práticas servindo para motivar os alunos e ensinar conceitos de agroecologia e cultivo sustentável.

Figura 2 – Os alunos da escola trabalhando na horta agroecológica

Fonte: autoria própria (2023)

Por outro lado, as condições climáticas adversas em alguns dias letivos prejudicaram a realização de todas as práticas programadas no ambiente externo da horta. Isso limitou o aprendizado prático de uma das turmas, evidenciando a necessidade de flexibilidade diante de imprevistos.

A experiência demonstrou como as condições climáticas podem ser um fator crítico na educação ao ar livre, como no caso da horta escolar. Tais imprevistos realçaram a importância de ter um plano alternativo para garantir a continuidade do aprendizado, mesmo quando as circunstâncias externas não são favoráveis.

Isso pode envolver a integração de atividades relacionadas ao tema, como aulas teóricas sobre agricultura sustentável ou práticas de jardinagem em pequena escala dentro da sala de aula. Além disso, esta situação destacou a relevância de ensinar aos alunos sobre a adaptabilidade e a resiliência diante de desafios, habilidades valiosas tanto no contexto educacional quanto na vida em geral. O planejamento de atividades educacionais ao ar livre, portanto, requer não apenas um entendimento das disciplinas envolvidas, mas também uma preparação para lidar com as variáveis ambientais imprevisíveis.

TERRITÓRIO, CULTURA E IDENTIDADE: AMIGOS DO CLIMA

Figura 3 – hortaliças cultivadas no espaço da horta agroecológica

Fonte: autoria própria (2023)

Os resultados preliminares indicam um aumento significativo no engajamento e interesse dos alunos pelos temas relacionados à agroecologia e sustentabilidade. A horta agroecológica promove a aprendizagem ativa, cooperação, senso de responsabilidade e consciência ambiental, aspectos fundamentais para a formação cidadã e crítica dos estudantes.

Considerações finais

A experiência da horta agroecológica na Escola Estadual Oscar Soares revela o potencial educativo de práticas pedagógicas inovadoras e sustentáveis, contribuindo significativamente para o processo de ensino-aprendizagem e para a promoção da educação ambiental crítica e participativa.

A implantação de atividades de educação agroecológica por meio da horta educativa em uma instituição socioassistencial revelou aprendizados significativos. Inicialmente, a horta estava abandonada, com solo degradado. Contudo, após oficinas teórico-práticas e o envolvimento dos estudantes, ela tornou-se um espaço adequado para instrução sobre cultivo sustentável. As crianças e adolescentes engajaram-se ativamente, com um equilíbrio entre atividades expositivas e práticas, resultando em um aprendizado integrado e envolvente sobre agroecologia e produção saudável de alimentos.

A horta despertou curiosidade e questionamentos pertinentes entre os alunos. Em suma, a horta educativa agroecológica é um instrumento pedagógico valioso, incentivando práticas sustentáveis desde a infância.

Referências

BRASIL. Ministério do Desenvolvimento Social e Combate à Fome. **Marco de referência de educação alimentar e nutricional para as políticas públicas.** Brasília, DF: MDS; Secretaria Nacional de Segurança Alimentar e Nutricional, 2012.

FONSECA, M. *et al.* A Horta Escolar na concepção de professores e sua contribuição como recurso didático no Ensino de Ciências. **Revista da SBEnBio**, n. 9, p. 4251-4263, 2019.

SILVA, A. P. M. da; *et al.* A importância da horta escolar na educação ambiental e alimentar: relato de experiência. **Research, Society and Development**, [S. l.], v. 7, n. 7, p. 1-15, 2018.

SOARES, M. C. C. *et al.* Horta escolar agroecológica: espaço de ensino-aprendizagem. **Revista Brasileira de Educação do Campo**, v. 2, n. 2, p. 814-834, 2017.

SWANDSON, L. **Vigotsky e a aprendizagem cooperativa.** Porto: Edições ASA, 1999.

29

O DESENVOLVIMENTO DA ATIVIDADE AMBIENTAL NA ESCOLA ESTADUAL TERRA NOVA

Ana Liliam Fidelix da Silva
Vitória Ercego Klassen
Danielly Esmeralda Ferreira da Silva
Ana Cláudia Taube Matiello
Lisanil da Conceição Patrocínio Pereira

Introdução

Este trabalho visa mostrar a contribuição do manejo agroecológico da criação da compostagem para a formação técnica dos estudantes da Escola Estadual Terra Nova e seu benefício para a formação das plantas. Portanto, os ensinamentos adquiridos para a confecção da compostagem podem ser aplicados em propriedades em zonas urbanas e rurais para uma criação sustentável.

Dessa forma trazendo benefícios para o agricultor familiar que utiliza do plantio sustentável que traz benefícios econômicos, devido a seu valor de investimento ser mínimo. Assim, a escola agrícola tem proporcionado um ensino voltado as necessidades de quem vive no campo, desta forma a formação de técnicos em agroecologia, é muito importante e contribui com a população local que majoritariamente ainda vive no meio rural.

Metodologia

Para a realização do trabalho, foram mantidas conversas com os estudantes que estudam na escola agrícola e participam do ensino onde aprendem a fazer compostagem. Além, é claro, do conhecimento dos estudantes que integram o trabalho. Para a elaboração da estrutura do trabalho, os autores bolsistas fundamentaram-se em outros trabalhos já realizados na I e II Olimpíada de Povos Tradicionais, Quilombolas e Indígenas.

Resultados e discussão

A compostagem consiste na reciclagem de materiais orgânicos, como: resíduos alimentares, lixo doméstico orgânico, dejetos de animais, serragem, capim ou qualquer resto de palhada e folhas. A reciclagem é possibilitada mediante um processo de oxidação do material orgânico por meio de microrganismos que dão origem a um produto estabilizado com coloração escura e matéria densa, sendo a compostagem um adubo orgânico que possibilita a melhora das condições físicas e químicas do solo, possibilitando sua potencialização ou até mesmo o cultivo em áreas degradadas.

Como foi dito anteriormente são necessários resíduos orgânicos para a fabricação da compostagem, sendo preciso compostos que forneçam nitrogênio (N) e outros materiais ricos em carbono (C). O ideal na realização da compostagem é de 30/1, pois essa relação C/N é primordial para que a proliferação de microrganismos seja efetivada e os resíduos degradados.

O processo da compostagem é desenvolvido pela sobreposição dos resíduos orgânicos que formam leiras, realizando camadas em torno de 20 cm de espessura que alternem diferentes tipos de materiais entre C e N, como, por exemplo, uma camada de palhada de milho, seguida de uma camada de resíduos alimentares até acabar os materiais. É necessário pontuar que a primeira e a última camada aplicadas precisam ser de palhadas como de capim, folhas ou serragem, e após cada aplicação de uma camada a matéria deve ser umedecida com água.

É interessante o uso de dejetos de animais como fezes de suínos, bovinos e cama de aviário, pois são ricos em microrganismos, o que resulta na aceleração do processo de decomposição da matéria. Porém, há alguns materiais cuja utilização é estritamente proibida. Oliveira (2005) argumenta que as madeiras passam por tratamento com pesticidas e também podem ser envernizadas, sendo usados também os seguintes materiais: vidro, metal, óleo, tinta, plásticos e fezes de animais domésticos. Não é recomendável a utilização de papel ou quaisquer produtos que tenham plastificação. Também não é recomendável gordura animal, pois sua decomposição não é fácil

As leiras devem ter as seguintes medidas: entre 1,2 e 1,5 m de altura; 1,5 e 2 m de largura; e 2 e 4 m de comprimento. Esta é a recomendação,

TERRITÓRIO, CULTURA E IDENTIDADE: AMIGOS DO CLIMA

porém essas medidas podem ser alteradas em decorrência da quantidade de matéria disponível ou espaço para a inserção da mesma, contanto que não tenham menos que 1,0 m³, pois isso irá dificultar a realização da manutenção da temperatura.

Esses são os processos necessários para a realização da compostagem, mas durante o processo é necessário o desenvolvimento de algumas atividades de manutenção, sendo nos primeiros cinco dias a checagem da temperatura que deve se situar na faixa de 45-65 °C, onde os patógenos serão eliminados, fornecendo segurança em relação à utilização do composto. Para conferir a temperatura, que possui tendência a se elevar, deve-se abrir um caminho com as mãos até o centro e capturar uma quantidade dos materiais. Caso seja suportável segurá-la, a temperatura está adequada. Caso não suporte o toque, a temperatura se apresenta elevada, e é preciso revirar a leira.

Outro ponto importante a ser checado é a umidade do composto, que deve se manter durante todo o processo de maturação da compostagem. Pode-se verificar a umidade a cada semana e, quando necessário, umedecer o material.

O tempo que determina quando a compostagem estará boa para uso é muito relativo, devido à diferença de espessura de cada composto e o tempo de degradação de cada resíduo. Alguns terão o processo mais acelerado e outros mais lento. Mas em geral o processo tem duração de cerca de 9 a 16 semanas se as condições ideais forem fornecidas.

Para verificar se a compostagem já está pronta, pode-se utilizar um método muito prático em que se coleta uma pequena quantidade do composto nas mãos e realiza-se o atrito uma com a outra. Caso o conteúdo grude como uma graxa nas mãos, além de se apresentar com uma massa uniforme e coloração escura, a compostagem já está pronta para uso. Vale ressaltar a importância de não efetuar a utilização antes da finalização dos processos, pois poderá prejudicar as cultivares devido à continuação do processo de decomposição.

A compostagem pode ser utilizada em todos os tipos de solo e os beneficia com uma adubação dos macronutrientes. Este adubo orgânico não apresenta nenhuma restrição quanto ao uso em nenhuma cultura, podendo então contribuir em diversas produções de alimentos, como legumes, verduras, vegetais e até mesmo utilizado na adubação de jardins.

A realização da compostagem traz diversos benefícios, tanto ambientais como sociais, pois permite a reutilização de resíduos, diminuindo a quantidade de descarte, indo contra a contaminação e poluição ambiental. Além disso, promove melhores condições físicas e químicas do solo, sem ser necessária a utilização de produtos artificiais que promovem a contaminação do planeta.

Na Escola Agrícola Terra Nova a realização e utilização da compostagem faz partes dos métodos agroecológicos efetivados na escola, onde os resíduos são todos reaproveitados e remanejados na adubação do solo. Então desde o primeiro momento os estudantes são ensinados e estimulados a realizar esta prática, que também pode ser empregada na propriedade durante o tempo comunidade que é parte em que o estudante fica em casa, realizando atividades práticas, traz benefícios para a área da família e contribui para produção alimentar, promovendo a agricultura familiar agroecológica e sustentável, mostrando assim os caminhos para uma agricultura agroecológica.

Considerações finais

Este trabalho foi de suma importância, pois a partir dele foi possível elencar informações a respeito do passo a passo da realização da compostagem, prática que apresenta diversos benefícios, sociais, econômicos e ambientais. Além disso, a prática realizada na escola estimula os estudantes a realizarem um meio alternativo em sua propriedade, incentivando a agricultura familiar.

Ademais, o desenvolvimento da atividade desempenha um papel essencial na formação técnica dos estudantes, onde a didática empregada amplia o conhecimento de práticas agroecológicas e os benefícios que estas trazem para o planeta e todos os seus habitantes, na contramão das atividades cada vez mais capitalistas que estão levando o planeta para uma catástrofe irreversível.

Referências

OLIVEIRA, G. M. A. **Compostagem caseira de lixo orgânico doméstico**. Dezembro, 2005. Disponível em: https://www.infoteca.cnptia.embrapa.br/infoteca/bitstream/doc/1022380/1/Compostagemcaseiradelixoorganicodomestico.pdf. Acesso em: 6 out. 2023.

30

A IMPORTÂNCIA DO CURSO TÉCNICO EM AGROECOLOGIA PARA A ESCOLA ESTADUAL AGRÍCOLA TERRA NOVA NA MANUTENÇÃO DA AGRICULTURA FAMILIAR

Lídia Gabriela Missassi Carrara
Jayne Gomes Menezes
Ana Cláudia Taube Matiello
Lisanil da Conceição Patrocínio Pereira

Introdução

A Escola Agrícola Terra Nova surgiu em 2010, integrando ao ensino médio o curso técnico em agroecologia, com a pedagogia de alternância, que proporciona a formação de um tempo de escola e de um tempo de comunidade. No tempo escola, os estudantes participam de aulas teóricas e práticas envolvendo as 5 áreas do conhecimento (Linguagens, Ciências da Natureza, Ciências Humanas, Ciências Agrárias e Matemática), também conhecimentos práticos nos 14 grupos de trabalho.

Os 14 grupos de trabalho (Jardinagem, Administração, Organização, Mídias, Processamento, Ferramentas, Construção, Animais 1, 2, 3: suínos, aves e bovinos, Fruticultura, Lavoura, Horta e Viveiro) atuam como pequenos laboratórios de experiência, no intuito da formação técnica colocando em prática os conceitos da agroecologia e humana, desenvolvendo o cooperativismo, protagonismo do jovem na agricultura familiar e sociedade, sendo humanos capazes de modificar, por meio da conscientização da vida comunitária de todos os seres vivos.

No tempo comunidade, os estudantes passam uma semana em casa, aplicando este aprendizado, contribuindo diretamente com o desenvolvimento das famílias, este modelo em alternância foi aplicado justamente para auxiliar as famílias do campo que precisavam dos filhos para ajudar na propriedade. Segundo o Ministério da Educação (2018), a pedagogia da alternância está voltada a atender o estudante que vive no campo, por isso a necessidade dessa alternância, na semana que não está na escola, o estudante está no sítio trabalhando as coisas do seu cotidiano, alicerçando o conhecimento.

Assim, a agroecologia vem empregada com estudos aplicados que desenvolvem manejos e atividades sustentáveis, trazendo uma interação entre o homem e a natureza, onde há uma forma consciente de explorar todos os recursos que o meio ambiente proporciona, e ainda contribuir com cuidados singelos para sua proteção. Com isso, a agroecologia se torna um ensino em que se aprendem todos os valores agroecológicos.

A agroecologia, assim como a educação do campo e a pedagogia da alternância, não tem receitas e fórmulas, mas sim princípios que orientam ambos os movimentos em seus processos de luta. A educação do campo e a pedagogia da alternância, embasadas nos princípios da agroecologia, propõem uma diversificação de atividades profissionais, maior engajamento do jovem no seu meio, a fim de possibilitar a opção de habitar e trabalhar no campo com condições técnicas, intelectuais e ideológicas, de modo a se tornar um protagonista de sua realidade.

Nesse contexto, a agroecologia vem evoluindo com a ciência, sendo desenvolvida pelos saberes práticos dos agricultores, assim com princípios da ecologia de estudar, aplicar e manejar, realizando um equilíbrio. Estas práticas conscientes não apenas na substituição de agrotóxicos, insumos e fertilizantes sintéticos e monocultura, mas sim uma diversidade de saberes em defesa da valorização da vida, tornando-se uma opção de agricultura a favor da vida.

Metodologia

O objetivo deste trabalho é explicar como funcionam as escolas do campo integradas ao ensino de agroecologia. Apresentar um relato sobre a Escola Estadual Terra Nova, no qual as estudantes expressam a relevância do ensino da escola, com a ajuda de professores e orientadoras para a elaboração do trabalho. Ou seja, a metodologia é participante, porque já fazemos parte da execução desse trabalho desde a I Olimpíada, e utiliza partes do trabalho de Sousa (2022), que trata da observação participante como fator primordial para trabalhos deste nível.

Conforme Cardoso, Souza, Matiello e Pereira (2023), a olimpíada contribuiu e contribui, permitindo que estudantes escrevam sobre o tema escolhido e progridam cada vez mais em relação a esses conhecimentos, porque os temas são os da vivência, como, por exemplo, o estudo e a produção textual sobre a mecanização da área de produção leiteira na escola agrícola.

Resultados e discussão

A Escola Estadual Terra Nova tem como base a agricultura familiar e a pedagogia de alternância, como uma forma intencional de despertar ainda mais conhecimento e ensinamentos. Ao longo do tempo em que frequentam a escola, em tempo integral, os alunos percebem que estão em processo de aprendizado, inclusive fora da sala de aula, uma vez que o campo prático da escola é amplo, onde são aplicadas diversas técnicas agroecológicas para as plantas e manejos de bem-estar animal.

A escola tem diversos setores produtivos, como de frutíferas, vegetais e leguminosas. No setor da horta, há um terreno para cultivar as hortaliças, o que chama a atenção de todos. A "horta mandala", cons-truída em círculos, representa o sistema solar. Ao centro, um galinheiro ou distribuição de água. Os canteiros ao redor representam os planetas. A escola tem um sistema de cultivo biodinâmico que integra frutíferas, verduras, legumes e um galinheiro, em uma ideia de policultura, culti-vando variedades.

Além disso, é uma forma de pensar agroecológica, onde as plantas de maior porte ficam por último, para proteger as plantas menores que estão próximas ao galinheiro, onde também tem a função de controlar os insetos e produzir esterco para adubação, criando assim um ciclo que irá gerar uma produção de qualidade.

As Figuras 1 e 2 demonstram a horta mandala e o espaço escolar, este localizado na zona rural do município de Terra Nova do Norte-MT.

Figura 1 – Horta mandala

Fonte: Agricolinos Terra Nova (2023)

Figura 2 – Escola Agrícola Terra Nova

Fonte: Agricolinos Terra Nova (2023)

Dessa forma, os alunos aprendem em sala de aula todos os conceitos teóricos e aplicam-nos, na prática, desenvolvendo técnicas de compostagem, insumos orgânicos e produção de alimentos saudáveis. Ao retornarem às suas residências nas comunidades rurais, aplicam-se, construindo hortas, fazendo monda, manejos de bem-estar animal, policultivo e muito mais. Durante as atividades práticas da escola, os alunos aprendem a usar todas as ferramentas disponíveis, sejam elas manuais ou digitais, para melhorar a qualidade do seu serviço e contribuir para o seu desenvolvimento pessoal, familiar e social.

Considerações finais

A instituição possui um método pedagógico único, que já formou mais de 400 jovens do meio rural e urbano, sendo que tem hábitos para desenvolver todos os princípios sustentáveis e ainda contribui com uma formação humana, para uma vida harmoniosa em sociedade. São explorados todos os saberes que a agroecologia pode fornecer, teóricos e práticos.

Logo, as escolas que adotam princípios agroecológicos contribuem para uma relação mais harmônica entre a natureza e o homem, ensinando ao jovem o manuseio, cultivo e cuidado com o meio ambiente. Além disso, incentivando-o a realizar diversas atividades em sua propriedade, incentivando ainda mais a visibilidade da agricultura familiar, por meio de alimentos saudáveis e consciência sustentável, defendendo a vida em conjunto.

Desse modo, ensino que prioriza a vida no campo, estando ligado à agroecologia, não irá formar apenas técnicos para colheita e plantio, mas cidadãos conscientes e dispostos a fazer a diferença no mundo, para que todos habitem e desfrutem de uma natureza saudável.

Referências

CARDOSO, I. N.; SOUZA, G. S. de; MATIELLO, A. C. T.; PEREIRA, L. da C. P. A mecanização leiteira na Escola Estadual Terra Nova: um relato de experiência da II Mostra científica e I Olímpiada Nacional de Povos Tradicionais, Quilombolas e indígenas. **Revista de Comunicação Científica – RCC**, v. I, n. 12, p. 295-306, maio/ago. 2023. Disponível em: https://periodicos.unemat.br/.

SOUSA, A. Q. Relato de experiência sobre a construção do conhecimento proporcionado pela Escola Agrícola Terra Nova. *In:* MOSTRA CIENTÍFÍCA, 2.; OLIMPÍADA NACIONAL CIENTÍFICA DE POVOS TRADICIONAIS, QUILOMBOLAS E INDÍGENAS: A TRANSVERSALIDADE DA CIÊNCIA, TECNOLOGIA E INOVAÇÕES PARA O PLANETA, 1., 2022, São Paulo. **Anais [...]**. São Paulo: Faesp, 2022. Disponível em: https://www.youtube.com/channel/UCiU9Ddx0iQ6qL1DaXME8CEw/streams. Acesso em: 7 ago. 2023.

31

A EDUCAÇÃO AMBIENTAL NO ENSINO-APRENDIZAGEM E A IDEIA DE SUSTENTABILIDADE

Odeval Veras de Carvalho
Euzemar F. L. Siqueira

Introdução

Este artigo apresenta a experiência vivenciada com o Projeto de Educação Ambiental, que teve como objetivo desenvolver ações interdisciplinares entre as áreas de conhecimento e seus componentes curriculares: Ciências Humanas, Ciências da Natureza, Linguagens e Matemática.

A experiência foi desenvolvida do ano de 2012 até o ano de 2015, quando, durante o período letivo escolar, propusemos ações que pudessem envolver de maneira efetiva os agentes e atores que formam a instituição escolar: corpo docente, estudantes, servidores, gestão pedagógica e a comunidade escolar na construção do ensino-aprendizagem por meio dos estudos e pesquisas, buscando atitudes de valorização, percepção da educação ambiental e do meio ambiente no espaço escolar e no entorno.

Justifica-se pela ausência de projetos que envolvam de maneira ampla todos na unidade de ensino. Dessa maneira, unem-se na construção e elaboração de ações do cotidiano ligadas aos conteúdos curriculares, temas transversais, bem como atividades artístico-culturais e políticas.

Resultado e discussão

Para o desenvolvimento do protejo, foram propostas ações interdisciplinares, tendo em vista as especificidades e autonomia de cada componente curricular e áreas de conhecimento, como demonstrado nas Orientações Curriculares para a Educação Básica.

Para a Secretaria de Educação do Estado de Mato Grosso (Mato Grosso, 2012, p. 36), "A interdisciplinaridade implica na contribuição de diferentes disciplinas para a análise de um objeto, que, no entanto, mantêm seu ponto de vista, seus métodos, seus objetos e sua autonomia". Dessa forma, foi realizada análise do conceito segundo as Diretrizes Curriculares Nacionais para o Ensino Médio.

> A interdisciplinaridade deve ir além da mera justaposição de disciplinas e, ao mesmo tempo, evitar a diluição delas em generalidades. De fato, será principalmente na possibilidade de relacionar as disciplinas em atividades ou projetos de estudo, pesquisa e ação, que a interdisciplinaridade poderá ser uma prática pedagógica e didática adequada aos objetivos do ensino médio (Brasil, 1999, p. 88).

A articulação entre disciplinas, por si sós, fragmentadas, não responde de maneira efetiva as ações. Portanto, a transdisciplinaridade, conforme as Orientações Curriculares para a Educação Básica (Mato Grosso, 2012, p. 36):

> Implica na construção de um novo objeto, com metodologia peculiar, a partir da integração de diferentes disciplinas, que se descaracterizam como tais, perdem seus pontos de vista particulares e sua autonomia para construir um novo campo do conhecimento.

Fundamentamos nossos estudos e atividades nos debates e contextos socioambientais de 2012, quando ocorreu a Rio+20, com o tema Desenvolvimento Sustentável, evento internacional realizado pela Organização das Nações Unidas (ONU) no Rio de Janeiro.

Vale ressaltar o uso abusivo do termo *sustentabilidade* mencionado por Sato, Gomes e Silva (2013, p. 17):

> Hoje, termos como sustentáveis e sustentabilidade são repetidos à exaustão, mas muitas pessoas desconhecem seu real sentido e ele acaba se perdendo e sendo interpretado de forma equivocada e reducionista.
>
> O termo sustentabilidade parece ter se banalizado, não apenas porque é repetido com exaustão, mas porque é repetido por um grupo grande de pessoas das mais diversificadas áreas do conhecimento ou de atuação. Perderam-se, assim, as identidades de quem está referendando o termo, já que virou um "jargão" pasteurizado em todas as áreas e atua-

> ções. Tecnicamente, a sustentabilidade é compreendida como algo durável que tenha a interface das 3 dimensões: economia, sociedade e ambiente. Mas acabou virando um discurso vazio, porque as 3 dimensões estão apenas no nome e na prática muito pouco se concretiza.

A sustentabilidade deve incluir dois grandes destaques: a inclusão social e a proteção ecológica. Em um processo de construção ensino-aprendizagem ao longo do período letivo anual, planejando e articulando para que alcançássemos o nível de uma Escola Sustentável, conforme Sato, Gomes e Silva: "Uma escola sustentável buscaria a inclusão social com proteção ecológica".

Temáticas abordadas

Conforme mencionado, essas temáticas foram propostas e debatidas entre o corpo docente para serem articuladas de forma interdisciplinar durante o período letivo para a construção do ensino-aprendizagem e habilidades/competências a serem desenvolvidas pelos estudantes, de forma transdisciplinar e transversal por áreas de conhecimento: Meio Ambiente, Saúde e Questões Ambientais; Trabalho, Cultura, Ciência e Tecnologia; Educação Ambiental, Cidadania e Consumo; Recursos Naturais, Biodiversidade e Energia; Ética e Direitos Humanos.

Ações na escola: educação ambiental

Ações de orientação, informação, comportamento e atitudes ambientalmente corretas no dia a dia para a preservação, conservação e manutenção do ambiente escolar, do meio ambiente local, regional e global:

- Coleta Seletiva do Lixo: separação de lixeiras.
- Espaços Verdes: horta suspensa, compostagem, jardins e arborização.
- Conservação e manutenção.
- Atividades Artístico-Culturais: ações realizadas no sentido de sensibilização dos problemas ambientais por meio da arte, teatro, dança, música, arte da grafitagem, paródias, poemas, poesias, charges, revistas em quadrinhos, objetivando o uso, divulgação ou reaproveitamento de materiais recicláveis.

Ações e atividades desenvolvidas

- Trabalhos escritos (iniciação científica): realizados mediante textos digitados ou escritos, objetivando apresentação/exposição para o público, tais como: painéis, cartazes, *folders*, *banners*, folhetos, entre outros, seguindo orientações das normas da ABNT para trabalhos escolares.

- Apresentações com slides/vídeos: seguem orientações das normas cientificas. Apresentadas em salas de aulas no dia do evento e no telão na quadra de esportes, seguindo a temática pesquisada com os grupos de alunos e seu orientador.

- Produção de videodocumentário ou registro de imagens com o celular: estudante/ grupos de estudantes produziram vídeos de curta duração (três, cinco ou até dez minutos), no registro de imagens sobre os "Problemas Ambientais no seu Bairro".

- Experiências: realizadas objetivando a demonstração e funcionamento por meio de oficinas, maquetes, equipamentos, objetos, peças, entre outros.

Considerações finais

Propusemos a transversalidade das temáticas, que possibilitou uma articulação protagonizada pelos professores, estudantes, servidores, gestão e comunidade escolar. Foram realizadas atividades artístico-culturais, elaboração e produção de trabalhos, experimentos, desfile da garota e garoto sustentável, onde os estudantes criaram e produziram seus figurinos.

Como resultado, destacamos ações articuladas de ensino-aprendizagem nos estudos, pesquisas, envolvimento, desempenho nos trabalhos, uso e reaproveitamento de produtos recicláveis, experimentos, painéis, oficinas e apresentações artístico-culturais. Os aspectos a serem melhorados estão relacionados ao cotidiano na escola, em atitudes ambientalmente corretas de cuidado e redução do consumo de energia, água, limpeza e coleta seletiva do lixo, cuidado e manutenção dos espaços verdes, na continuidade das ações, valorização das pessoas e do patrimônio escolar, de uma maior intervenção da escola no seu entorno e uma pesquisa de satisfação para mensurar metas traçadas.

Observamos e identificamos o espaço escolar como lócus de aprendizagem, comportamentos, atitudes e território-base das várias juventudes em suas manifestações artístico-culturais, sociais e ambientais.

Referências

BRASIL. Constituição da República Federativa do Brasil: **texto constitucional promulgado em 5 de outubro de 1988.** 35. ed. Brasília: Câmara dos Deputados, Edições Câmara, 2012. 454p.

BRASIL. Ministério da Educação. Secretaria de Educação Média e Tecnológica. **Parâmetros Curriculares Nacionais - Ensino Médio**. Brasília: MEC, 1999. 364p.

BRASIL. Secretaria de Educação Fundamental. **Parâmetros Curriculares Nacionais: terceiro e quarto ciclos**: apresentação dos temas transversais. Brasília: MEC-SEF, 1998. 436p.

MATO GROSSO. Secretaria de Estado de Educação. **Orientações Curriculares:** Concepções para a Educação Básica. Cuiabá: Gráfica Print, 2012. 128 p.

REIGOTA, M. **O que é educação ambiental**. São Paulo: Brasiliense, 1994. (Coleção Primeiros Passos). 59 p.

SATO, M.; GOMES, G.; SILVA, R. (org.). **Escola, Comunidade e Educação Ambiental**: reinventando sonhos, construindo esperanças. Cuiabá: Gráfica Print, 2013. 356 p.

32

A EDUCAÇÃO, PRODUÇÃO ORGÂNICA E ALIMENTAÇÃO SAUDÁVEL: UM DIÁLOGO NECESSÁRIO PARA AMENIZAR O CLIMA

Euzemar F. L. Siqueira

Introdução

Trata-se de um texto elaborado na disciplina Questões Socioterritoriais e a Agricultura Familiar, ofertada na Pós-Graduação em Geografia da Universidade do Estado de Mato Grosso (UNEMAT), para ser apresentado na Semana Nacional de Alimento Orgânico – Produto Orgânico amigo do Clima na Comunidade Santana do Taquaral.

É preceptiva a alteração do clima na cidade de Cuiabá-MT, pois se sente na pele, mas esse fenômeno que ocorre com a questão da alteração do clima é mundial, pois, mesmo com os acordos em protocolo, como o protocolo de Kyoto, o acordo de Paris, e a última Conferência da Biodiversidade organizada pela Organização das Nações Unidas (ONU), a COP 15, a situação é grave.

Dessa forma, é preciso atitudes mundanizadas, mas também localizadas – como diz o ditado, agir local, pensar global. Pensando localmente, observamos que a educação formal e informal são o caminho necessário para a sensibilização na formação.

A pesquisa é de caráter qualitativo e social. A metodologia utilizada foi a de levantamento documental, entrevista com os responsáveis pela ação nos órgãos que desenvolvem ações e com a comunidade.

A agroecologia e sua contribuição para as mudanças climáticas

A agroecologia é uma ciência que traz em sua perspectiva a proposta de um sistema de produção que envolve os processos ecológicos e sociais, tendo como um dos princípios a baixa incidência de uso de insumo, buscando amenizar a agressão à natureza, cuja consequência é a alteração dos fenômenos naturais, como, por exemplo, a elevação de temperaturas, entre outros.

Figura 1 – Diálogos e convergências
Dimensões que interagem com a agroecologia

Fonte: Articulação Nacional de Agroecologia, adaptado pelo autor

Quadro 1 – Ações para produção orgânica

Ano	Ação	Motivação
1962	Livro *Primavera Silenciosa*, Autor Rachel Carson.	Impactos do modelo agrícola já eram sentidos em vários países; surgimento de movimentos ambientalistas.
1972	Federação Internacional de Movimentos da Agricultura Orgânica (IFOAM – sigla em inglês) – França, objetivo de disseminar informação sobre os princípios e práticas da agricultura orgânica.	Resposta aos movimentos ambientalistas emergentes.
1984	Primeiro Serviço de Certificação Orgânica – Estados Unidos.	Urge a necessidade destes serviços.

Ano	Ação	Motivação
Década 1990	Primeiras legislações e padrões de certificação surgiram também nos EUA.	Resposta à pressão de agricultores e consumidores orgânicos pela regulação governamental da produção.

Fonte: Livro Pró Agroecologia – SIASS IF Goiano/IFG

Organizado: SIQUEIRA, E.F.L

Conforme demonstrado no Quadro 1, a retomada da discussão da produção orgânica é realizada para se manter o equilíbrio ecológico a partir do respeito à condição da terra, na manutenção da saúde do solo e do povo que o cultiva com respeito.

Este movimento ambientalista é movido pela preocupação com a natureza, em busca desse equilíbrio ecológico em prol da sustentabilidade. Foi apresentada pelas mulheres do campo e da floresta se instituído no Brasil Política Pública para este setor.

> A Política Nacional de Agroecologia de Produção Orgânica (Pnapo) foi instituída em 2012, por meio do Decreto no 7.794, com o principal objetivo de integrar, articular e adequar as diversas políticas, programas e ações desenvolvidas no âmbito do governo federal, que visam induzir a transição agroecológica e fomentar a produção orgânica e de base agroecológica, contribuindo para a produção sustentável de alimentos saudáveis e aliando o desenvolvimento rural com a conservação dos recursos naturais e a valorização do conhecimento dos povos e comunidades tradicionais (IPEA, 2017, p. 11).

A elaboração e aprovação da Política Nacional de Agroecologia de Produção Orgânica significa um avanço para a categoria da classe social das agricultoras e agricultores familiar, mas precisa ser letra viva, dessa forma, deve ser cumprida.

Destaca-se que a intersetorialidade possibilita a interação e o diálogo entre os órgãos envolvidos, na busca de soluções nesta organização de transição agroecológica e produção orgânica, a exemplo de Mato Grosso com a representação da Educação Básica, Instituição de Ensino Superior, Secretaria de Agricultura Familiar, MAPA, Movimentos Sociais, entre outros.

Em Mato Grosso, registra-se a intersetorialidade de órgãos públicos como a Secretaria de Estado de Educação e a Secretaria de Agricultura

Familiar no desenvolvimento de projeto das hortas pedagógicas no espaço rural e urbano, fortalecido pela Comissão de Produto Orgânico (CPorg).

Projeto Horta Escolar no campo e na cidade.

Contextualizado pelas pesquisadoras Almeida e Siqueira (2020), o projeto Hortas Escolares foi implementado em 2005 pela Empresa Mato-Grossense de Pesquisa Assistência e Extensão Rural (Empaer), na época ligada à Secretaria de Desenvolvimento Rural. Foi elaborada uma cartilha denominada "Orientação técnica para cultivo, preparo e uso de hortaliças na merenda escolar", agregada a um programa desenvolvido pela Secretaria da Educação, denominado Programa Escola Atrativa – Projeto Vitamina – Horta Pedagógica, implementado em 17 escolas estaduais de Mato Grosso. O objetivo principal desse projeto era implantar as hortas escolares, incentivando os estudantes a produzirem e consumirem hortaliças, conduzindo a uma alimentação saudável com produção anual e uso mínimo de agrotóxicos. Na proposta havia envolvimento de toda a escola, estudantes e família, ocasionando a socialização e o afastamento das ruas. Observa-se que neste programa ainda era permitido o uso mínimo de agrotóxico e a retirada dos estudantes da rua, não havia um foco voltado para o meio ambiente, tampouco para a perspectiva agroecológica.

Em 2017 houve a retomada do projeto horta pedagógica denominado Pro Horta Escolar, uma parceria entre a Secretaria de Estado de Educação de Mato Grosso (Seduc) e Secretaria de Agricultura Familiar (Seaf), cujo objetivo era desenvolver boas práticas e desenvolvimento sustentável, implantado em 40 escolas estaduais do campo e 2 escolas da cidade. As escolas contempladas recebiam insumos, ferramentas, sombrites, assistência técnica da Seaf e orientação pedagógica da Seduc.

A parceria entre essas Secretarias continua, porém atualmente o programa se chamar MT Produtivo Horta Escolares. Esse programa, desenvolvido por meio de uma parceria entre Seaf e Seduc, visa conscientizar os estudantes para a necessidade e importância de plantar e cuidar, aumentando assim a sua qualidade de vida. Contempla 16 municípios, com 41 hortas em escolas estaduais localizadas no campo e na cidade. Para o ano de 2022/2023 foram contemplados 109 municípios, mantendo a aquisição de insumos, ferramentas, sementes de hortaliças e sombrites, além de assistência técnica e pedagógica.

Nas universidades temos projetos com o da Mostra e Olimpíada para os Povos Tradicionais, Quilombolas e Indígenas, proporcionando a participação de estudantes do ensino médio com texto autorais sobre as práticas desenvolvidas em suas comunidades, concorrendo a bolsa júnior do CNPq, coordenado pela professora doutora Lisanil da Conceição Patrocínio Pereira, docente da UNEMAT.

Considerações finais

A intersetorialidade é algo importante para construir ações e dar visibilidade às políticas públicas já existentes, assim como as que precisam ser construídas. Espaço como a Comissão de Produtos Orgânicos, por exemplo, possibilita o diálogo entre os órgãos governamentais e não governamentais, sendo um lugar de fortalecimento de ações com projetos e programas que envolvem a construção da epistemologias do Sul. Inclusive com o envolvimento de setores responsáveis pela Educação, em nível de educação básica a superior, pois a transformação se inicia em espaços escolares de sensibilização e conscientização, sendo necessária a construção de conteúdo nesse viés.

A crise climática de hoje, é resultado desse modelo que só atende ao grande capital, no entanto somente a partir da transição agroecológica podemos amenizar a questão climática hora imposta a todo o planeta. Dessa maneira, entende-se que a agroecologia, a educação e movimentos sociais, podem intervir e amenizar o clima e quiçá construir uma cidade e um campo educador.

Referências

ALMEIDA, E. S. J.; SIQUEIRA, E. F. L. Horta escolar laboratório vivo de aprendizagem no contexto da educação do campo: perspectivas e desafios. **Revista mais educação** [recurso eletrônico], São Caetano do Sul, v. 3, n. 10, 2020.

CUNHA, Teresa. "Identidades, territórios e mulheres: algumas reflexões teóricas". *In:* GRANDO, B. S.; PEREIRA. L. C. P.; CUNHA, T.; FEREIRA, W. A. A. (org.). **Mulheres, Culturas e identidade**. Curitiba, PR: CRV, 2018. v. 2.

EE LEONISIO LEMOS MELO. **Relatório Horta Mandala**. Peixoto de Azevedo-MT, 2023.

FURTADO. A. **Feira Interinstitucional Agroecológica**: uma experiência exitosa. 2. ed. Goiânia, GO: IF Goiano, 2022.

KUHN, D.; SOUZA, C. L. N.; HAZAMA, C. K.; SIQUEIRA, E. F. L.; NOBRE, H. G. Visitas da Comissão da Produção Orgânica de Mato Grosso como ferramenta de fomento à produção de base agroecológica no município de Poconé. **Anais do XII Congresso Brasileiro de Agroecologia, Rio de Janeiro, Rio de Janeiro -** v. 19, n. 1, 2024 (in porlen)

RODRIGUES, M. de F. F. "Território e territorialidade étnica em comunidades quilombolas do litoral sul da Paraíba, Brasil". *In:* RODRIGUES. M. de F. F., MARQUES, A. C. N., FREDRICH M. S. L. **A geografia dos povos tradicionais**. João Pessoa: Editora UFPB, 2020. 223 p.: il.; v. 2.

SAMBUICHI, R. H. R. *et al.* (org.) **A política nacional de agroecologia e produção orgânica no Brasil**: uma trajetória de luta pelo desenvolvimento rural sustentável. Brasília: Ipea, 2017.

SANTOS, M. **Da totalidade ao lugar**. 4. reimpr. São Paulo: EdUSP, 2023.

33

EXPERIÊNCIAS DECOLONIAIS: UM ESTUDO SOBRE AS MULHERES DO CAMPO E NO CAMPO DO MUNICÍPIO DE TERRA NOVA DO NORTE-MT

Ana Cláudia Taube Matiello
Lisanil da Conceição Patrocínio Pereira

Introdução

Durante a disciplina Questões Socioterritoriais e a Agricultura Familiar, ministrada no mestrado em Geografia pelo Programa de Pós-Graduação em Geografia (PPGEO) da Universidade do Estado de Mato Grosso (UNEMAT), campus de Cáceres-MT, percebemos a importância de refletirmos sobre o decolonialismo e a mudança de nossa perspectiva em relação à nossa realidade e consciência, traçando um panorama de onde estamos e o que somos, o que é crucial diante do avanço do capitalismo e do colonialismo, que afeta nossa essência e nos modifica como indivíduos, fazendo com que possamos questionar nossa própria origem.

Segundo Oliveira (2007), o processo de produção capitalista se baseia no princípio de que tudo está em todo lugar, se reproduzindo rapidamente e utilizando a troca de mercadorias. Isso demonstra como o capitalismo está presente em nossa sociedade, gerando trocas entre indivíduos. Podemos pensar sobre os povos do campo a partir de uma análise espacial do município de Terra Nova do Norte-MT em relação às mulheres que moram na zona rural e sua relação com o capitalismo e o colonialismo implantado em suas realidades.

Essas mulheres, nascidas e criadas na agricultura familiar, tiveram a oportunidade de conviver com mães, avós e outros que lhes transmitiram seus conhecimentos e habilidades. Além disso, elas também enfrentaram alguns problemas, como o patriarcalismo, que impõe à mulher o domínio do homem, o que deve ser discutido. Rossini (1993) diz que a mulher está ganhando mais espaço no campo nos últimos anos, porém necessita de maior visibilidade.

Moraes (2011) argumenta que a formação colonial é, desde o princípio, uma forma de submissão, uma conquista do colonizador em relação aos submetidos que ali estão nas terras recém-descobertas. Os povos do campo, sendo esses os tradicionais, sofrem com a imposição capitalista que avança sobre seus territórios, modificando seus saberes e fazeres, afetando as novas gerações e até mesmo as antigas, que não conseguem manter as tradições em seus locais de fala.

Considerando o nosso foco de estudo, a associação de mulheres do campo no município de Terra Nova do Norte, mais especificamente a Associação de Mulheres da Agricultura Familiar do Portal da Amazônia (AMAFPA), encontramos mulheres organizadas que lutam pelo seu espaço no protagonismo empreendedor rural, porém será que elas estão conscientes da sua realidade? A pesquisa em andamento "Formação territorial em Terra Nova do Norte-MT: experiências decoloniais" apresenta uma questão preocupante, uma vez que essas mulheres ainda não atingiram a sua percepção de mulheres protagonistas, que ocorre quando a pessoa analisa a sua própria realidade. O motivo para isso é que elas não acreditam no seu potencial, deixando que os maridos e a imposição patriarcal as dominem.

Silva (2020) aponta que é urgente compreender o que tem sido produzido a respeito das relações de gênero e poder, como essas questões refletem a necessidade de aprender a pensar sobre nós mesmos e como nossos corpos se apresentam no mundo.

Metodologia

Os procedimentos metodológicos adotados para a elaboração desse trabalho foram o levantamento bibliográfico e o trabalho empírico. A primeira etapa foi a revisão de obras pertinentes à temática, e para a pesquisa empírica a observação participante, a qual Souza (2013) considera parte essencial do trabalho de campo na pesquisa qualitativa, o pesquisador participa de todas as atividades dos grupos de estudo, sendo ele parte vivente do processo a ser estudado. Com a observação participante, espera-se chegar a um resultado sobre as questões que assolam essas mulheres em estudo.

Resultados e discussão

No que diz respeito ao nosso foco de estudo, a associação AMAFPA, localizada no município de Terra Nova do Norte-MT, na comunidade conhecida como São Pedro ou Mané Barriga. Este grupo é composto exclusivamente por mulheres do campo, totalizando 11 (onze) associadas ativas, o que nos permitirá compreender o seu funcionamento e a sua relevância para a agricultura.

A comunidade São Pedro está localizada na zona rural de Terra Nova do Norte-MT, a cerca de 30 km de distância do município, seguindo pela MT-208, que liga Terra Nova do Norte ao município vizinho de Nova Guarita. Na comunidade, a AMAFPA se localiza na antiga estrutura da Escola Municipal São Pedro, na avenida principal. A Figura 1 demonstra a localização da Comunidade São Pedro no município:

Figura 1 – Mapa de localização da Comunidade São Pedro no município de Terra Nova do Norte-MT

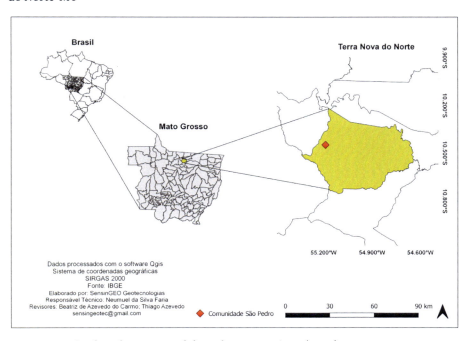

Fonte: organizado pela autora e elaborado por Sensigeo (2022)

É necessário ressaltar que a associação é composta por mulheres camponesas que residem na comunidade, tendo como objetivo empreender no município, possuindo sua própria fonte de renda e a sua valorização como trabalhadoras do campo. Trabalhando com a venda do pequi gigante da Amazônia, pães, cucas e bolachas para o abastecimento das escolas no município, principalmente à Escola Estadual Terra Nova, por meio do Programa Nacional de Alimentação Escolar (PNAE). Na Figura 2 é possível observar algumas das produções realizadas na associação.

Figura 2 – Produções da Associação: pães para a Escola Estadual Agrícola Terra Nova e "Pequi Gigante da Amazônia"

Fonte: autora (2022)

O objetivo deste estudo é compreender não somente a importância dessas mulheres na agricultura familiar do município, mas também como elas se sentem pertencentes a esse meio. Durante as observações participantes, essas realizadas em prol da pesquisa antes citada, observou-se a questão do pertencimento por parte dessas mulheres e, relacionando à disciplina também estudada, percebemos a urgência de compreender o papel de cada um em sua realidade.

Silva (2009) refere-se ao patriarcado como um sistema hierárquico no qual os seres humanos têm poderes distintos, com a superioridade masculina sobre a feminina em diversos aspectos da vida social, desde os sistemas econômicos até o exercício da sexualidade. No que diz respeito ao patriarcado e às relações de gênero presentes neste estudo, como as mulheres estão inseridas modifica todo o pensar e agir diante da sua postura no campo.

Oliveira (2007) considera o modo capitalista também como uma forma de modificar o pensamento e a ação, quando o campesinato não é compreendido como uma classe social distinta da classe dominante. Isso nos remete ao trabalho de Tuan (2018) em relação à categoria de análise do lugar, que busca compreender o sentimento de pertencimento e a realidade do indivíduo em sua área geográfica.

Considerações finais

Finalmente, compreendemos o papel da agricultura familiar nos estudos sobre as mulheres, bem como o sentimento de pertencimento e a imposição de ser quem realmente é, o que é extremamente relevante para aprofundar esse tema. Dessa forma, "a queda em si" ou sua percepção é uma questão crucial e, sem ela, não é possível compreender nosso lugar de fala, onde estamos e como podemos nos impor diante da nossa realidade. É o primeiro passo para a mudança de nosso pensamento e, consequentemente, de nossas vidas, sobretudo quando o colonialismo está se instalando em nossa mente e corpo.

Referências

MORAES, A. C. R. A dimensão territorial nas formações sociais latinoamericanas. **Revista do Departamento de Geografia**, *[S. l.]*, v. 7, p. 81-86, 2011. DOI: 10.7154/RDG.1994.0007.0006. Disponível em: https://www.revistas.usp.br/rdg/article/view/53681. Acesso em: 4 jan. 2024.

OLIVEIRA, A. U. **Modo de produção capitalista, agricultura e reforma agrária**. São Paulo: FFLCH, 2007. 184p.

ROSSINI, R. E. Geografia e gênero: a mulher como força de trabalho no campo. *Informações Econômicas*, SP, v. 23 (Supl.1), p. 1-58, 1993.

SILVA, J. M. (org.). **Geografias subversivas**: discursos sobre espaço, gênero e sexualidades. Ponta Grossa, PR: Todapalavra, 2009.

SOUZA, A. F. G.; MARAFON, G. J.; RAMIRES, J. C. L.; RIBEIRO, M. A.; PESSÔA, V. L. S. "Sobre os autores". *In:* **Pesquisa qualitativa em geografia**: reflexões teórico-conceituais e aplicadas. Rio de Janeiro: EDUERJ, 2013.

SILVA, A. L. G. da; SILVA, J. J. C.; AMAR, V. (org.). **Interseccionalidades em pauta**: gênero, raça, sexualidade e classe social. Salvador: EDUFBA, 2020. 497 p.

TUAN, Y.-F. Lugar: uma perspectiva experiencial. **Geograficidade**, v. 8, n. 1, Verão 2018. Disponível em: https://periodicos.uff.br/geograficidade/article/view/27150. Acesso em: 19 ago. 2022.

O PAPEL SOCIAL DA MULHER RURAL NO DISTRITO DE AGROVILA DAS PALMEIRAS DE SANTO ANTÔNIO DO LEVERGER-MT

Maria da Penha Sales Guimarães
Rosilene Rodrigues Maruyama
Lisanil da Conceição Patrocínio Pereira

Introdução

Na área rural de Antônio do Leverger é comum as mulheres trabalhadoras, contribuírem com o desenvolvimento do local na perspectiva agroecológica e na produção orgânica. Diante das provocações que este evento permite, estamos procurando conhecer o trabalho de outras mulheres da comunidade Agrovila das Palmeiras e outras comunidades rurais, visto que neste município temos a diversidade de comunidades tradicionais, quilombolas e indígenas.

Toda essa diversidade contribui para o desenvolvimento local fazendo parte das organizações sociais, tais como: associações, cooperativas e trabalhos peculiares. Assim, esta pesquisa tem como questionamento suleador: o empoderamento feminino poderá, em seus usos emancipatórios, ser também uma ferramenta de uso decolonial?.

Assim, a pesquisa tem o objetivo de discutir a importância do papel social de outras mulheres com características na preservação da cultura local, da agricultura familiar na perspectiva agroecológica e produção orgânica, pois, com nosso envolvimento social, nos sentimos instigadas a desenvolver a pesquisa para apresentar a realidade de outras mulheres que não tem medo de estar onde quiserem estar.

O lócus da pesquisa é a comunidade de Agrovila das Palmeiras e circunvizinhança no município de Santo Antônio de Leverger-MT (Figura 1).

Figura 1 – Localização de Santo Antônio do Leverger no Mato Grosso e, em destaque, os municípios circunvizinhos

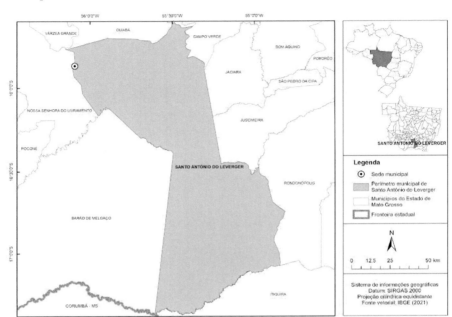

Fonte: acervo Maruyama (2022)

O papel social da mulher no contexto da agricultura familiar

Em meados do século XIX, o trabalho familiar passa a ser predominantemente liderado pelos coronéis e compadres: família, poder e lealdade. Rossini (1993) avalia que no colonato reforçava-se uma organização familiar na qual estava clara a cooperação; no assalariamento há uma reunião do rendimento de todos os membros da família, mas ela deixou de ser uma unidade de trabalho.

Nesse regime, o contrato familiar era assinado pelo chefe da família, o qual também recebia o ordenado familiar. Ao homem cabia a autoridade de coordenar as atividades; às crianças, o cuidado dos pequenos animais e da colheita; e à mulher, os trabalhos domésticos, a produção dos valores de uso, o cultivo da roça de subsistência e a colaboração na colheita do café.

A mulher consegue se inserir no contexto da Agricultura Familiar a partir do momento em que vem se qualificando e ocupando os espaços em seu entorno. Assim, ela vem adquirindo respeito e construindo sua história mesmo com tamanha dificuldade em quebrar o patriarcado que ainda impera.

Na Agrovila das Palmeiras (Figura 2), é visível essa atuação de ocupação das mulheres em locais ocupados basicamente pelos homens. Essas mulheres vêm desenvolvendo suas atividades com grande maestria, podemos dar como exemplo a atividade em que Maria José Wakinaguni, protagonista desta pesquisa, conseguiu criar uma receita de capuccino utilizando farinha do babaçu e, com essa inovação, melhorou sua renda financeira.

Figura 2 – Localização de Santo Antônio do Leverger no Mato Grosso e, em destaque, o mapa do assentamento de Agrovila das Palmeiras

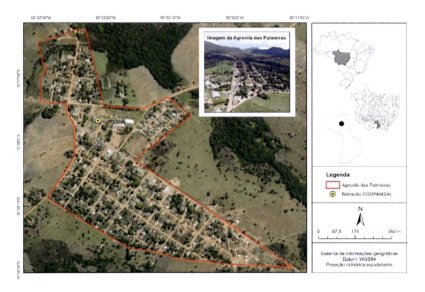

Fonte: acervo Maruyama (2022)

Outro exemplo é o de Joalice Mota, que migrou para esse território e conseguiu enxergar o valor dos produtos regionais do bioma Cerrado e Pantanal, inovando na criação de produtos de beleza.

A invisibilidade das mulheres com o passar do tempo foi se transformando e aos poucos e com muita luta essa visão de obediência e submissão ao homem. As mulheres foram quebrando barreira na relação de poder entre gêneros, que ocorre em escalas global e local.

Assim como vimos anteriormente, o processo de evolução na vida das mulheres ocorre também na Agrovila das Palmeiras, a partir do momento em que a sensibilidade e consciência despertam e inicia-se um movimento de militância e busca por envolver as mulheres e a comunidade para que alcancem sua autonomia. E nesse processo de evolução surgiram ações voltadas para a valorização de gênero.

Cunha (2019, p. 27) nos indica que o sentimento de pertença se constitui ao longo da trajetória das vidas das pessoas.

> As pessoas, ao longo de sua vida, estão expostas a diversas dinâmicas, regras, normas, valores e representações. É com e nessa diversidade que os sentimentos de pertença se vão estruturando, adquirindo formas e conteúdo, também eles diversos e dinâmicos.

Essa autora reflete sobre como as pessoas vão se constituindo ao longo da vida. Nesse sentido, as mulheres deste distrito em suas ações no desenvolvimento das atividades que as empoderam se fortalecem em encontros que refletem sobre suas vidas e a função do seu papel social.

Considerações finais

Apesar dos avanços conquistados pelas mulheres, principalmente a partir da década de 1960, foi com a Constituição de 1888 que se estabeleceu, conforme o artigo 5, que homens e mulheres são iguais em obrigações e direitos. Mesmo assim, nós, mulheres, ainda precisamos nos dar as mãos para conseguirmos representações em vários espaços sociais.

As mulheres de Agrovila das Palmeiras vêm juntas construindo e conquistando espaços, sendo, deste modo, protagonistas de suas histórias a partir do momento em que conseguem estar nos espaços que antes eram ocupados somente pelos homens. Quando temos em um lugar onde ainda reina o coronelismo uma mulher nos representando com prefeita, em um lugarejo uma subprefeita, na direção das escolas, posto de saúde, mercearias, associações e cooperativas a mulher como liderança, estamos de alguma forma, mesmo que em passos lentos, fazendo valer nossos direitos constitucionais de que homens e mulheres devem ter direitos iguais em obrigações e direitos, em seus usos emancipatórios, e essas conquistas tornam-se uma ferramenta de uso decolonial.

Referências

CUNHA, T. "Mulheres, identidades e territórios: as experiências e conhecimentos delas". *In:* FERREIRA, W. A. A; GRANDO, B. S.; PEREIRA, L. C. P.; CUNHA, T. (org.). Mulheres e identidades: epistemologias do Sul – Mulheres, territórios e identidades. Curitiba, PR: CRV, 2019. v. 3.

DURHAN, E. R. **A caminho da cidade**: a vida rural e a migração para São Paulo. São Paulo: Perspectiva, 1973. (Debates em Ciências Sociais).

FREIRE, P. **A importância do ato de ler**: em três artigos que se completam. 35. ed. São Paulo: Cortez, 1997.

MARTINS, M. H. **O que é leitura**. 16. ed. São Paulo: Brasiliense, 1993.

MORAES, A. C. R. "Los Circuitos Espaciales de la Producción y los Círculos de Cooperación en el Espacio". *In:* JANES, L. A.; LIBERALLI, A. (org.). **Aportes para el estudio del Espacio Socioeconómico**. Buenos Aires: El Coloquio, 1989.

PEREIRA, L. da C. P. **Conhecimento, desafios, conflitos e percursos na Amazônia mato-grossense**: memórias de uma militante acadêmica. Curitiba, PR: CRV, 2019.

ROSSINI, R. E. Geografia e gênero: a mulher na lavoura canavieira paulista. **Informações Econômicas**, SP, v. 23, supl.1, p. 1-58, 1993.

SANTOS, B. de S. Poderá o direito ser emancipatório? **Revista Crítica de Ciências Sociais**, n. 65, p. 3-76, maio 2003.

SANTOS, B. de S. **A crítica da razão indolente**: contra o desperdício da experiência. 8. ed. São Paulo: Cortez, 2011.

SANTOS, B. de S. **Pela mão de Alice**: o social e o político na pós-modernidade. 14. ed. São Paulo: Cortez, 2013.

SOBRE OS(AS) AUTORES(AS)

Ana Cláudia Taube Matiello
Professora orientadora. Mestre em Geografia. Foi bolsista Capes.
E-mail: ana2015matiello@gmail.com
Orcid: 0000-0001-8316-8455?lang=pt

Ana Gabriela Almeida Veras
Estudante do primeiro ano do Instituto Federal de Mato Grosso (IFMT), Cuiabá-MT.
E-mail: anabrielaa16@gmail

Ana Liliam Fidelix da Silva
Estudante do terceiro ano da Escola Estadual Agrícola Terra Nova, Terra Nova-MT.
E-mail: Liliamana0@gmail.com
Orcid: 0009-0004-6397-3077

Andréia Avelina da Silva
Mestranda no Programa de Pós-Graduação em Geografia da Unemat.
E-mail: Andreia.avelina.silv@unemat.br
Orcid: 8926-2205-3549-0205

Arinete Dias de Carvalho
Mestranda no Programa Profissional do Ensino de Biologia da Universidade Federal de Mato Grosso (UFMT), Cuiabá-MT. Professora da Educação Básica de Ensino de uma escola do campo.
E-mail: arinete1460@gmail.com.
Orcid: 0000-0003-0168-2376

Awatage Morimã
Estudante do primeiro ano da Escola Estadual Indígena de Educação Básica Juporijup.
E-mail: awatajemorima@gmail.com

Barbara Bonet Bortolini Machado

Orientadora do trabalho. Professora da área de Ciências Humanas da Escola Estadual Terra Nova, Terra Nova do Norte-MT.

E-mail: barbara123machado@gmail.com

Orcid: 0009-0005-6964-5442

Claudilene Burum Sabanes

Estudante do 2º ano do ensino médio da Escola Estadual Indígena de Educação Básica Leonardo Krixi Apiaká

Email:claudilenesabanes@gmail.com

Cleomara Nunes do Amaral

Professora da Secretaria Estadual de Educação. Diretoria Regional de Educação de Várzea Grande.

Email: cleomara.amaral@edu.mt.gov.br

Danielly Esmeralda Ferreira da Silva

Estudante do terceiro ano da Escola Estadual Agrícola Terra Nova, Terra Nova-MT.

E-mail: daniellydill76@gmail.com

Diamara Moreira Silva Reis

Graduanda do quinto semestre do curso de Licenciatura em Geografia da Universidade Aberta do Brasil, Polo de São Félix do Araguaia-MT.

E-mail: diamara.reias@unemat.br

Orcid: 0009-0001-8442-6169

Eduardo Alkamin Bertoni

Estudante do segundo ano da Escola Estadual Terra Nova, Terra Nova do Norte-MT.

E-mail: eduardoalkaminbertoni@gmail.com

Orcid: 0009-0004-9139-2026

Elizabeth Ângela dos Santos

Professora do curso de Pedagogia da Universidade do Estado de Mato Grosso (UNEMAT), campus de Juara-MT. Doutoranda do Programa de

Pós-Graduação em Educação da Universidade Estadual Paulista (UNESP), campus de Rio Claro.

E-mail: profabethjuara@unemat.br

Orcid: 0000-0001-8733-8255

Emanuelle Lopes Perez

Estudante do oito ano da educação básica – Escola Estadual Comendador José Pedro Dias, Juara-MT.

E-mail emanuelle_perez@gmail.com

Érica Lopes da Silva

Acadêmica do curso de Pedagogia da Universidade do Estado de Mato Grosso (UNEMAT), campus de Juara-MT.

E-mail ericalopesdasilvaa091@gmail.com.

Euzemar F. L. Siqueira

Professora mestra, licenciada e bacharela em Geografia. Professora da Rede Estadual de Ensino de Mato Grosso, integrante do Grupo de Estudo Geografia Agrária e Unidade de Conservação do Pantanal da Universidade Federal de Mato Grosso (UFMT), colaboradora do Projeto de Mostra/Olimpíadas dos Povos Tradicionais, Quilombolas e Indígenas da Universidade do Estado de Mato Grosso (UNEMAT).

E-mail: efl.siqueira@gmail.com

Fábia Fernandes

Estudante do quinto semestre do curso de Licenciatura em Geografia da Universidade Aberta do Brasil, Polo de São Félix do Araguaia-MT.

E-mail: fabia.fernandes@unemat.br

Orcid: 0009-0005-8634-1619

Faustino Aparecido da Silva

Professor da Secretaria Estadual de Educação. Escola Estadual Maximiana do Nascimento.

E-mail: faustino.silva@edu.mt.gov.br

Frailan Pereira de Novaes

Graduando do quinto semestre do curso de Licenciatura em Geografia da Universidade Aberta do Brasil, Polo de São Félix do Araguaia-MT.

E-mail: frailan.novaes@unemat.br

Orcid: 0009-0007-6145-251X

Francisco Assis de Assunção

Professor da Educação Básica da Escola Estadual José de Lima Barros, Nossa Senhora do Livramento-MT.

Gladiston de Macena Colmam

Docente da Escola Estadual Agrícola Terra Nova.

E-mail: gladiston.assistec@gmail.com

Orcid: 0009-0007-1100-4428

Greiciane Moreira Alves

Estudante do quinto semestre do curso de Licenciatura em Geografia da Universidade Aberta do Brasil, Polo de Aripuanã-MT.

E-mail: greiciane.alves@unemat.br

Orcid: 0009-0002-4145-7878

Hellen Silvino de Camargo

Estudante do segundo ano da Escola Estadual Terra Nova, Terra Nova do Norte-MT.

E-mail: hellenscamargo@gmail.com

Orcid: 0009-0008-9977-4984

Igor Narcizo Cardoso

Bolsista Júnior do CNPq e estudante do terceiro ano da Escola Estadual Agrícola Terra Nova, Terra Nova-MT.

E-mail: Igornacizo258@gmail.com

Orcid: 0009-0002-3307-2740

Isabela Diniz dos Santos

Estudante do segundo ano B da Escola Estadual Oscar Soares, Juara-MT.

E-mail: Isaadiniz1@gmail.com

Ivanilton Ferreira Costa

Estudante do quinto semestre do curso de Licenciatura em Geografia da Universidade Aberta do Brasil, Polo de São Félix do Araguaia-MT.

E-mail: ferreira.ivanilton@unemat.br

Orcid: 0009-0002-0940-8013

Jane Matos da Silva

Mestranda em Geografia e bolsista Capes pela Universidade do Estado de Mato Grosso (UNEMAT).

E-mail: jane.matos@unemat.br

Jaquelyne Alves de Matos

Bolsista Júnior do CNPq e estudante do terceiro ano da Escola Estadual Agrícola Terra Nova, Terra Nova-MT.

E-mail: jaquelynealves17@gmail.com

Jayne Gomes Menezes

Estudante do terceiro ano da Escola Estadual Agrícola Terra Nova, Terra Nova-MT.

E-mail: jaynemenezes1500@gmail.com

Orcid: 0009-0006-4658-1295

Jhonata Landgraf Machado

Estudante do segundo ano B da Escola Estadual Oscar Soares, Juara-MT.

E-mail: jhonatalandgraf4@gmail.com

João Pedro Benis

Estudante do segundo ano da Escola Estadual Terra Nova, Terra Nova do Norte-MT.

E-mail: pedubentobenis@gmail.com

Orcid: 0009-0009-4392-0118

Joice Gonçalves dos Santos

Estudante do quinto semestre do curso de Licenciatura em Geografia da Universidade Aberta do Brasil, Polo de Pontes e Lacerda-MT.

E-mail: joice.goncalves@unemat.br

Orcid: 0009-0004-2804-0626

Kaic Pereira da Cunha

Estudante do Ensino Médio da Escola Estadual José de Lima Barros. Nossa Senhora do Livramento-MT.

Laura Pereira da Silva

Estudante do quinto semestre do curso de Licenciatura em Geografia da Universidade Aberta do Brasil, Polo de Aripuanã-MT.

E-mail: silva.laura@unemat.br

Orcid: 0009-0008-4750-2061

Lidia Gabriela Missassi Carrara

Estudante do quarto ano da Escola Estadual Agrícola Terra Nova, Terra Nova-MT.

E-mail: lidia.carrara0408@gmail.com

Orcid: 0009-0002-5578-3818

Lisanil da Conceição Patrocínio Pereira

Coordenadora do projeto III Mostra Científica Estadual de Povos Tradicionais, Quilombolas e Indígenas e orientadora dos bolsistas júniores do CNPq,

E-mail: lisanilpatrocinio@gmail.com

Orcid: 0000-0001-8733-8255

Luanna Isabelly de Souza da Silva

Estudante do segundo ano da Escola Estadual Terra Nova, Terra Nova do Norte-MT.

E-mail: luannaisabelly045gmail.com

Lucas Eduardo Dociati Ritter

Estudante do terceiro ano do ensino médio integrado ao curso Técnico em Agroecologia e Bolsista CNPq.

E-mail: ritterlucas15@gmail.com

Orcid: 0009-0005-3108-0853

Lucildo krixi Sabanes

Professor da Escola Estadual Indígena de Educação Básica Leonardo Crixi Apiaká.

E-mail: lucildo.sabanes@sedu.mt.gov.br

Lucinda do Carmo Sirayup Kayabi

Professora da Escola Estadual Indígena de Educação Básica Juporijup. Mestranda do Programa de Pós-Graduação Stricto Sensu em Ensino em Contexto Indígena Intercultural.

E-mail: lucindakayabi@gmail.com

Luelson Morimã Sabanes

Estudante do 2º ano do ensino médio da Escola Estadual Indígena de Educação Básica Leonardo Krixi Apiaká.

E-mail:luelsonsabanes39@gmail.com

Luiz Eduardo Brito Correia

Professor da Escola Estadual Oscar Soares, Juara-MT.

E-mail: luizeduardobc@gmail.com

Mara Juliane Rudnik

Estudante do quinto semestre do curso de Licenciatura em Geografia da Universidade Aberta do Brasil, Polo de Aripuanã-MT.

E-mail: mara.juliane@unemat.br

Orcid: 0009-0001-5918-4911

Marely Silva Almeida

Aluna especial no Programa de Pós-Graduação (PPGEEO) da Universidade do Estado de Mato Grosso (UNEMAT). Docente na Educação Básica de Ensino-MT, Escola Estadual do Campo.

E-mail: marelyprof08@gmail.com

Orcid: 0009-0001-6878-7757

Maria da Penha Sales Guimarães

Professora da rede pública do município de Santo Antônio do Leverger-
-MT. Gestora atuando como subprefeita no distrito de Agrovila das Palmeiras.
Aluna especial da disciplina Geografia Agrária de Programa de Pós-Gradua-
ção em Geografia na Universidade Estadual de Mato Grosso (UNEMAT).

E-mail: penhasales28@hotmail.com

Maria Luiza Costa de Almeida

Estudante do segundo ano da Escola Estadual Pascoal Moreira
Cabral, Cuiabá-MT.

E-mail: maluzinha.costa.321@gmail.com

Marinez Monzalina Crixi Morimã

Professora da Escola Estadual Indígena de Educação Básica Leonardo Crixi Apiaká.

E-mail: marinesmorima45@gmail.com

Meire Cardoso Ferreira

Estudante de Pós-Graduação em Geografia da Unemat Cáceres, Juara-MT.

E-mail: meire@unemat.br

Orcid: 0009-0002-3790-9165

Mychele Ketellen Peres de Souza

Estudante do segundo ano da Escola Estadual Terra Nova, Terra
Nova do Norte-MT.

E-mail: mycheleketellen@gmail.com

Orcid: 0009-0005-9719-6453

Nivaldo Lucio dos Santos

Estudante da sétima fase do curso de Pedagogia da Universidade
do Estado de Mato Grosso (UNEMAT), campus de Juara-MT.

E-mail: nivaldo.santos@unemat.br

Odeval Veras de Carvalho

Mestrando do Programa de Pós-Graduação em Geografia da Universidade do Estado de Mato Grosso (PPGGeo/UNEMAT). Professor da Rede Pública de Educação do Estado de Mato Grosso.

E-mail: odevalveras@gmail.com

Orcid: 0009-0006-5246-0270

Priscila da Silva Prado

Estudante do ensino médio da Escola Estadual José de Lima Barros, Nossa Senhora do Livramento-MT.

Reyller Amaro Andrade

Estudante do quinto semestre do curso de Licenciatura em Geografia da Universidade Aberta do Brasil, Polo de Pontes e Lacerda-MT.

E-mail: reyller.andrade@unemat.br

Orcid: 0009-0009-6602-5861

Ronélia do Nascimento

Professora do curso de Pedagogia da Universidade do Estado de Mato Grosso (UNEMAT), campus de Juara-MT.

E-mail ronelia.do.nasciment@unemat.br

Orcid: 0000-0002-2439-2278

Roseli de Cassia Careno Guermandi

Orientadora do trabalho. Professora da área de Linguagens da Escola Estadual Terra Nova.

E-mail: roselicguermandi@hotmail.com

Rosilene Rodrigues Maruyama

Graduada em Química pela Universidade Federal de Mato Grosso (UFMT). Mestra pelo Programa de Pós-Graduação em Geografia da Universidade do Estado de Mato Grosso (UNEMAT).

Orcid: 0000-0002-4281-9140.

E-mail: rosemaruyama@hotmail.com

Rudson Mateus Dante Lopes

Estudante do segundo ano B da Escola Estadual Oscar Soares, Juara-MT.

E-mail: mateusrudson3@gmail.com

Samtina Carme da Silva

Professora da Educação Básica da Escola Estadual José de Lima Barros, Nossa Senhora do Livramento-MT.

Talita Vitória Faustino Rodrigues

Estudante do quinto semestre do curso de Licenciatura em Geografia da Universidade Aberta do Brasil, Polo de Pontes e Lacerda-MT.

E-mail: talita.vitoria@unemat.br

Orcid: 0009-0000-7904-1929

Vitória Ercego Klassen

Estudante do terceiro ano da Escola Estadual Agrícola Terra Nova, Terra Nova-MT.

E-mail: vitoriaercegoklassen@gmail.com

Orcid: 0009-0000-5994-7096

Wagner Antônio dos Santos Lima

Mestrando no Programa de Pós-Graduação em Geografia da Universidade do Estado de Mato Grosso (UNEMAT).

E-mail: wagaslima@hotmail.com

Orcid: 0009-0000-1985-5277

Waldinéia Antunes de Alcântara Ferreira

Doutora pela Universidade Federal do Rio Grande do Sul (UFRGS). Professora do Curso de Pedagogia e do Programa de Pós-Graduação em Educação e Programa de Pós-Graduação Stricto Sensu em Ensino em Contexto Indígena Intercultural da Universidade do Estado de Mato Grosso (UNEMAT).

E-mail: waldineiaferreira@unemat.br

Orcid: 0000-0001-5949-7590

Wesley Vitor Friske da Silva

Estudante do segundo ano C da Escola Estadual Oscar Soares, Juara-MT.

E-mail: llainefriske04@gmail.com